暮らしも心も
ピカピカになる

お掃除やる気スイッチ

おそうじペコ

本書では、ナチュラルクリーニングをはじめとした掃除の実践例を紹介しています。ナチュラルクリーニングは比較的安全な掃除のスタイルですが、正しい方法を知らないと、器物の破損や変質、健康被害といったトラブルにつながることがあります。実践する際は、洗剤や製品の注意書きなどをよくお読みになり、まず目立たないところでテストして下さい。家具や家電、建具のお手入れについても、材質や種類によって使えない道具や洗剤があります。本書では、特に注意していただきたいポイントを、該当ページの欄外に赤字で記載しています。製品の取扱説明書とともによくお読みになった上で、掃除・お手入れすることをおすすめします。自己責任にて、十分に気を付けてお試し下さい。

はじめに

神奈川県の北鎌倉に「長寿寺」という寺院があります。季節限定、曜日限定で公開されるちょっとした隠れ家的な場所です。

その庭園に足を踏み入れたとたん、空気が切り替わるのがわかります。落ち葉ひとつなく清められた歩道、美しく手入れが行き届いた庭木。建物の中に入ると、さらに空気がピリリと引き締まるのを感じます。古びた風情の方丈にはほとんど装飾品がありません。柱や建具はかなり年季が入っているものの、すみずみまで掃除され、磨きこまれて輝いています。

そのひたすらひろがる清らかで何もない空間に立つと、すべての雑念が取り払われ、リセットされる気持ちになります。

このお寺と出会った時の衝撃を、私は今も忘れません。「この空気の清々しさは掃除がもたらすものだ」と体感で学びました。

私が、本格的に掃除に目覚めた瞬間です。

掃除には不思議な力があると思います。

無心になって汗をかき、もくもくと全身全霊で掃除をしていると、不思議と雑念が消えていくのを感じます。気がつくと、さっきまで悩んでいたこと、不安だったことがすべて消化されていることもあります。

ひとつのことに打ち込むことで、頭の中がリセットされるのかもしれません。もしくは、掃除によって整理整頓された部屋が仕事や家事の効率を上げ、行き詰まりを解消してくれるということもあるのでしょう。


さて、私にとって掃除は特別で大切な存在ですが、家事のひとつと捉えるとどうでしょうか。寒い冬は体が硬くなりますし、水は冷たく手がかじかんでしまいます。夏は暑く、ただでさえ汗をかきますから、余計に動きたくありません。重い掃除機を取り出して、雑巾を洗ってと掃除道具を用意するのも大変です。

さらに、忙しい日々の暮らしのタイムスケジュールの中で、掃除に割くことのできる時間は限られています。「掃除をする気持ちになかなかなれない」……私にだってそういう時があります。皆さんの中にも、掃除のやる気が出ない方は多いのではないでしょうか。

それでも、私は毎日掃除をしています。私には、掃除をやる気にするスイッチがあるからです。心の中のスイッチを切り替えて掃除をスタートすれば、いつの間にかいつも通り楽しく掃除しているんです。

掃除した後のイメージや、掃除した後に実際に体験した気持ちよさ。そういったことが、掃除をやろうと思うキッカケになります。そこで本書は、「掃除をするとこんなに素敵な気分になれる」「こんないいことがあるかも！」と思わず掃除がしたくなる、心の中の『お掃除やる気スイッチ』をテーマにしてみました。掃除の基本的なやり方とともに、あちこちに散りばめています。

また、せっかくやる気を出して掃除をはじめても、その作業が大変なものだったら続けることは難しくなってしまうでしょう。その点も考えて、少し手抜きして掃除時間をショートカットできる『ラクラク掃除メニュー』も提案しています。『お掃除やる気スイッチ』をオンにして、たまには『ラクラク掃除メニュー』でがんばりすぎずに掃除。掃除を続けているうちに「掃除の持つ力」に気づいていただけたら……そんな思いを込めて書きました。

掃除は単なる家事にあらず、続けるとそこには何かが見えてくる……かも⁉　一緒にお掃除を楽しみながら、掃除がしたくてたまらなくなる魔法にかかってみませんか？

CONTENTS

第3章

［掃除術］

基本の掃除とラクラク掃除メニュー

キッチン編

リビング編

CONTENTS

第1章

［掃除の前に］

掃除のやる気を出すスイッチと「やろう！」を続けるコツ

掃除に特別な才能はいりません
必要なのはただひとつ「やる気」です

家事全般が好きではないという方も、もしかしたらいるかもしれません。でも、多くの方に得意な家事、好きな家事がそれぞれあるのではないかと思います。味覚が優れていてお料理が上手な人、手先が器用で自分で洋服を作ってしまえる人、センスがあって部屋をまるでホテルのようなインテリアにコーディネートできる人。努力や勉強もあるでしょうし、当然持って生まれた才能もあると思います。

私はというと、料理はいつまでたっても上達せず、手先が不器用なので裁縫はおろかYシャツのボタンひとつ満足に付けられず（ボタン付けやアイロンがけは主人の方が上手なくらいです）。情けないけれど、家事力は低い方だと思います。ただ、こんな私が唯一胸を張れるのは「掃除だけは好き」ということ。なので、家はいつでもピカピカです。

掃除には、特別な才能やセンスはいらないと私は思います。必要なのはただひとつ「やる気」です。

掃除の手順や使う道具など、イロハや基本はありますが、必ずしもその通りにしなくてもいいのです。掃除に決まったルールなんてありません。

効率よく手順通りでなくても、無駄な動きがあってもいいのです。体を動かし、自分のやる気に任せて掃除をすれば、必ずそこに「美しく整った部屋」という結果がついてきます。掃除後の部屋の空気を吸ってみて下さい。そして、自分の心ものぞいてみて下さい。部屋の空気は引き締まり、自分の気持ちも頑張ったという満足感に満たされていることでしょう。

やる気さえあれば成果が目に見える、掃除はとてもやりがいのある家事なのです。

掃除した後のプラスの成果を想像して『お掃除やる気スイッチ』をオンに！

掃除に必要なのは「やる気」だけです。でも、肝心のやる気が出ない時はどうしたらよいでしょうか？

そんな時は、「ここを掃除するとこんな気分に変われる」「こんなメリットがある」といった〝掃除した後のイメージ〟を思いきり膨らませてみるのです。「鏡をピカピカにしたら自分がきれいに映って毎日のお化粧時間が楽しくなった」「カーテンを洗ったらハウスダストがなくなって部屋の空気が新鮮に感じた」など、成果を想像してみます。また、風水では「トイレを掃除すると金運が上がる」といいますし、エアコンをきれいにすれば運転効率が上がって電気代が安くなります。そういった、少しリアルな利益を意識してみるのもいいかもしれません。〝掃除した後の〟ポジティブな結果のイメージが、自分の中で掃除をはじめるキッカケを作ってくれます。

たとえば、私はプロ野球の横浜DeNAベイスターズの大ファンなのですが、丁寧に窓掃除をした日にチームが快勝したことがありました。それからは、試合に勝てない日が続いた時や大好きな三浦大輔投手（今年引退してしまいましたが…）が登板する日は、必ず窓をピカピカに磨くようにしています。一種のジンクスですが、これも掃除をする大きなキッカケのひとつになります。

私は、そんな掃除をする気になるキッカケを『お掃除やる気スイッチ』と名づけました。この本では私なりの掃除術をご紹介していきますが、それとともにどこにどんな『お掃除やる気スイッチ』があるのかもお伝えしようと思います。もちろんひとりひとりスイッチがある場所や入れ方は違うでしょう。それでも、自分ならではの『お掃除やる気スイッチ』を探すヒントになってくれればと思っています。

私、おそうじペコの『やる気スイッチ』［おそうじモビルスーツ］

Column

モビルスーツを
身にまとうと
一気に掃除気分に！

どんなにやる気がない時でも、この「おそうじモビルスーツ」を身にまとうと気持ちがシャキッとします。髪をまとめ、ホコリよけのマスクと首元を守るタオル、動きやすいジャージの上下。作業しやすいエプロンには、すぐに取り出せるこだわりの掃除ツールが入っています！

『お掃除やる気スイッチ』は、少しでも楽しく掃除に取り組むための動機になってくれるものです。日頃の私は、それぞれどの掃除場所にも掃除をする意味、効果があると信じ、単なる家事ではなく気持ちを込めて掃除をしています。

とはいえ、そんな私にも体調や気分によって、どうしても掃除をする気持ちになれない日があるのも事実（年に数回程度ですが）。そういう時には、気持ちとは別の『お掃除やる気スイッチ』を押します。それが「おそうじモビルスーツ」です。

というと、何だかすごそうに聞こえますが、実は特殊な装備ではありません。お気に入りのスポーツブランドのジャージ上下に、タオルやエプロンといった小物類一式。動きやすく、汚れても大丈夫な格好です。ですが、これらを身にまとうと一瞬にして「おそうじ

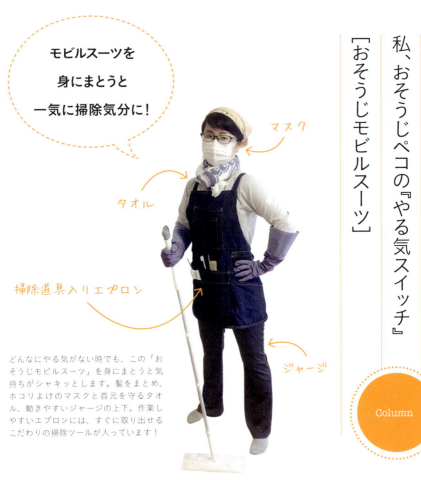

汗をかく夏は思いきり軽装！

真夏のモビルスーツは汗をかくこと必至なので、ジムで運動するようなホットパンツにタンクトップ、Tシャツなどの超軽装に。汗ふきタオルは、大好きな横浜DeNAベイスターズのタオルです。自分が好きなものを身に着けるのも、気持ちを上げる大事なポイントです。

手が荒れる冬は手袋を２枚重ねに

基本的に掃除は素手で行いますが、冬場に手が荒れてしまった時は、ハンドクリームとオイルでマッサージした後に綿の手袋をし、その上からゴム手袋をします。ほどよく蒸れてスチーム状態になり、掃除しながらハンドケアになります。綿の手袋は、メッシュ状態のドライブ手袋だと蒸れすぎず、ベトベトしないのでおすすめです。

暑い日の首元にはアイスベルトも

暑い季節のお掃除に欠かせないもうひとつのアイテムが、保冷剤を首元に巻けるアイスベルト。熱中症にならないように水分補給も忘れません。

アームカバーで水しぶき対策

雑巾を洗ったり水しぶきが上がる掃除の時は、袖が濡れないようビニール製のアームカバーがあると便利です。ガーデニング用のものなど、丈夫で耐水性のあるものが最適です。

ペコ」に気持ちが切り替わり、掃除する気分が高まります。おそうじペコの戦闘服みたいなものですね。気持ちを切り替えるのが難しい時は、形から入る『お掃除やる気スイッチ』もあるんです。

汚れをしっかり落とす「基本の掃除」を時短化する『ラクラク掃除メニュー』

近年、さまざまな掃除のお仕事を通じて私が感じることは、現代の主婦（夫）のみなさんは時間に追われて本当に忙しいということです。子育てに仕事、お付き合いだってこなさなくてはいけませんし、自分のための時間も大切。そんな少ない時間をやりくりしながらなんとか家事を全うしています。

少ない時間の家事スケジュールの中では、炊事（食べること）と洗濯・衣類の管理（着ること）が当然上位。掃除の優先順位がそれより下位になるのは仕方がないでしょう。それでも生活している以上、家の中は日々汚れていきます。また〝部屋の乱れは心の乱れ〟といわれるように、暮らしの空間を快適に維持することは精神上もとても大切なことです。優先順位が低いとはいえ、掃除はやはり大切な家事のひとつなのです。

そうであるなら、普段の掃除はできるだけ時間をかけない簡単なものにしたいですよね？　簡単な掃除で、できるだけ部屋のきれいはキープしたい。そこで私は、気になる汚れをしっかり落とす「基本の掃除」のほかに、その「基本の掃除」を時短化・簡略化した『ラクラク掃除メニュー』を考えました（本書ではそのどちらもご紹介します！）。

毎日時間をかけて、家中をしっかり掃除する必要はないのではと私は思います。完ぺきを望むとむしろ掃除のハードルが上がってしまい、結果的に汚れがたまって『お掃除やる気スイッチ』が行方不明に！……なんてことになっては本末転倒です。手抜きや楽をすることはサボっていることにはなりません。時間のやりくりです。今は掃除を楽にしてくれる掃除用品がたくさん市販されています。お助けアイテムを上手に取り入れながら掃除を楽しむことが、上手な掃除といえるのかもしれませんね。

家のきれい度偏差値を保つコツは掃除場所のブロック化と分割払い

掃除をする上でもっとも大事なことは〝汚れをためない〟ことです。汚れの深刻度が上がれば上がるほど、掃除の手間も時間もかかってしまうからです。また掃除に時間をかけすぎてしまうと、掃除に時間を支配された気分になってしまいます（私のような掃除マニアは別ですが）。

汚れをためず、掃除を無理なく続けるためには、掃除の負担を分割することをおすすめします。具体的には、家の中をおおまかなブロックに分割し、毎日1ブロックずつ掃除するのです。1〜2週間、または1か月、偶数日・奇数日で振り分けてもかまいません。自分の生活になじみやすいペースで、分割したブロックを1箇所ずつ掃除し、一定期間で1周するようにします。

我が家の分割方法は、「リビング・寝室」「キッチン」「窓・玄関外回り」「洗面・風呂」「トイレ」の5ブロック。月曜日〜金曜日の5日間でこのブロックを回し、土日はカンタンな床モップだけにしています。月曜日は「リビング・寝室」、火曜日は「キッチン」、水曜日は「窓・玄関外回り」、木曜日は「洗面・風呂」、金曜日は「トイレ」といった具合です（月曜日＋金曜日で「リビング・寝室」＋「トイレ」のことも）。また、同じキッチンブロックでも、第1週はシンク、第2週はガスコンロ、第3週は家電を磨くといったように、さらにブロックを細分化しています。

ドイツではこの方式を「曜日掃除」と呼んでいるそうです。私もかつて曜日掃除として1週間できっちり回していましたが、忙しい時は2週間に分けるなどして今では期間にはこだわっていません。もちろん、まとめて一気に片づける方が性に合っているという方は、1〜2週に1日掃除の日を作って、全ブロックの掃除に集中して取り組んでもよいと思います。

自分の生活スケジュールに合わせて、無理せず計画的に掃除を分割化していけば、結果的にまんべんなく家の中を掃除できます。つまり、家全体のきれい度偏差値が、平均から下がらなくなるというわけです。

Column

我が家のブロック化と曜日掃除

分割掃除のキホン

1. 家の中を大まかなブロックに分割する
2. 分割したブロックを一定期間で１周するように掃除する
3. 同じブロックでも、周回するごとに、力を入れて掃除する場所を変える
4. １周する期間にこだわらず、自分のペースで計画的に

月 リビング 寝室

火 キッチン

水 窓 玄関外回り

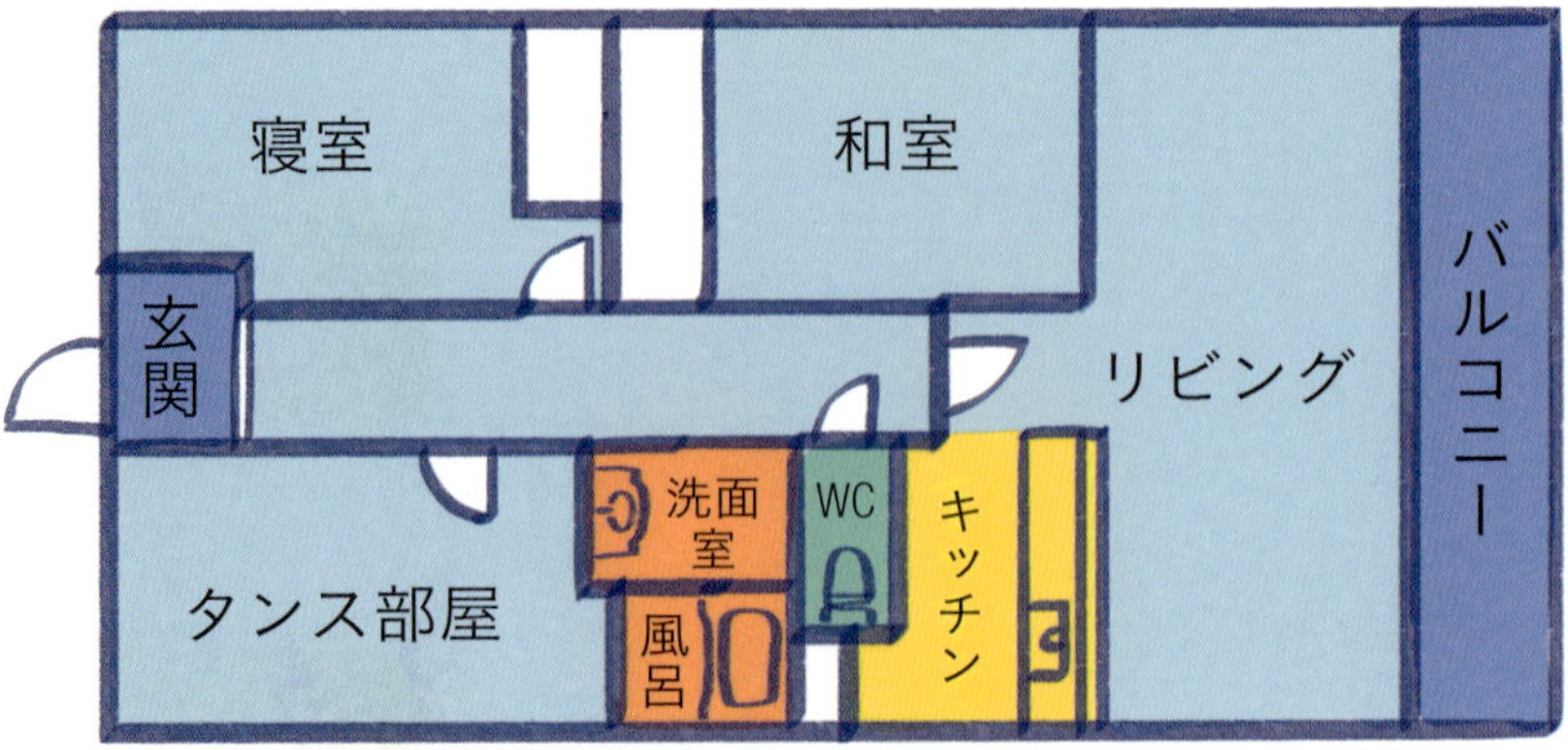

木 洗面・風呂

金 トイレ

土 日 全室床モップ

第2章

［掃除の道具］

掃除をラクにする お助け道具と洗剤

市販品から身近なものまで持つべきは良き掃除道具

ひと昔前に比べて、掃除道具もずいぶんと進化したなと思います。

中でも私が「二大掃除道具革命」だと思っているのが、フローリングモップとマイクロファイバー雑巾の登場です。

気軽に床掃除ができるフローリングモップは、出かける前の数分で床掃除がサッとできたり、別のことをしながらの〝ながら掃除〟も可能です。排気の臭いやホコリを舞い上げることもなく、メンテナンスもシートを取り替えるだけ。ヘッドに雑巾を付ければ、天井や高いところ、窓掃除まで多用途に活躍してくれます。このモップの登場で、床掃除が楽になっただけでなく、掃除術にさまざまな広がりがありました。

また、マイクロファイバー雑巾は、軽い汚れなら洗剤を使わずきれいに拭き掃除ができます。髪の毛よりも細い繊維が汚れをからめ取り、ホコリの拭き残しもありません。軽くすすぐだけできれいになるので雑巾洗いも楽。速乾性もあり清潔です。これ一枚で汚れ落としのレベルが格段に上がったことを実感します。

私はこの「二大掃除道具革命」を経て、道具によって掃除レベルが上がることに気づき、それからは日々掃除術とともに便利な掃除道具についても勉強しています。それは市販品だけでなく、身近なものを工夫して使う場合までさまざまです。発想次第で意外なものが便利な掃除道具として使えるとわかった時は、うれしくてすぐにブログの記事にしたりしています。

掃除道具が持つ意味は、「汚れがよく落ちる」ことだけでなく、「効率よく掃除ができ、楽になる」ことでもあると思います。それは本書のテーマのひとつでもある「掃除のショートカット」につながります。

市販品から、アイデア次第で掃除道具に変わる身近なものまで、掃除道具を活用することで、掃除時間はさらに充実したものにできると思います。持つべきものは「良き掃除道具」。事項では私が選んだそんな掃除道具を紹介します。

揃えておきたい基本の掃除道具

たかが掃除道具、されど掃除道具。適当に選ぶのではなく、手になじみ使い勝手のよい、自分の家の汚れのクセに対応できるものを厳選して揃えています。これらの道具は平面の拭き掃除だけでなく、家の中のあらゆるすき間、凹凸のある場所、こびりついた汚れなどにも対応できる基本のラインナップです。

　市販品のほか、私は身の回りにある日用品も掃除道具に転化して使っています。みなさんも、自分ならではのアイデアで使い勝手のよい掃除道具を見つけてみて下さい。道具への愛着が深まり、『お掃除やる気スイッチ』が増えますよ！

ITEM 1

フローリングモップ

私にとって床掃除の革命児的存在。おかげで、いつでも気軽に床掃除ができます。使い捨てシートはドライシート、洗剤付きシートなどさまざまなタイプがあり、用途に応じて使い分けられるのも魅力。ヘッドが軽いので、天井やカベなど高所の拭き掃除にも使います。

ITEM 2

マイクロファイバー雑巾

髪の毛よりも細い繊維でできた雑巾で、極細繊維が汚れをからめ取ってくれます。汚れの落ち具合がわかりやすい「白色」で、「20×30cm」が扱いやすいサイズ。中心に「×」の縫い目があるものが強度があっておすすめです。

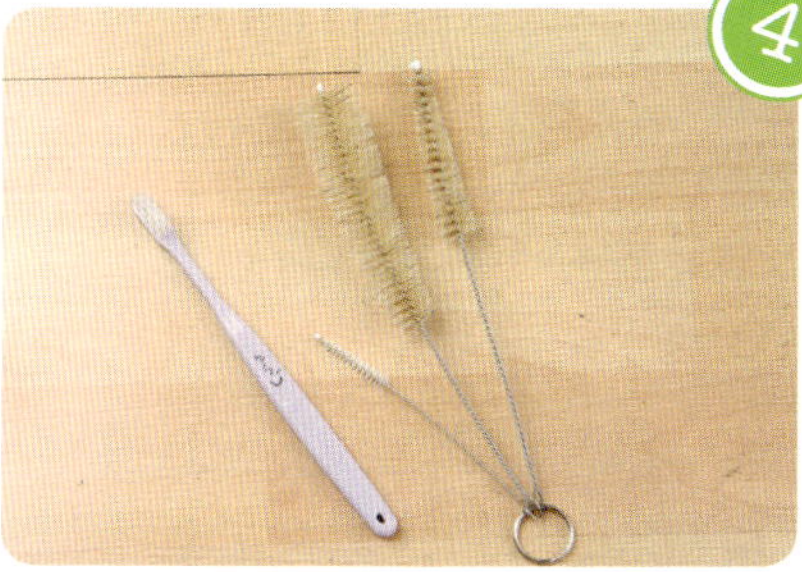

ITEM 4

スクリューブラシ・古歯ブラシ

水道の蛇口回り、排水口、ゴミ受けの網目などの水回りの汚れ落としに便利です。また、リモコンのボタン周りような狭い部分のホコリのかき出しにも使えるなど多用途。掃除用ブラシより繊細なので、素材を傷つけにくいのも長所です。

ITEM 3

アクリルたわし

アクリル100％の毛糸をきつめに編んだもの。手のひらより少し小さめサイズが扱いやすいです。食器洗いだけでなく、水回りの掃除、外回りの掃除と幅広い場所の掃除に活躍してくれます。市販品もありますし、自分で編むのも意外と難しくありません。

ITEM 6

ウエス

古着や使い古したタオルを切って作った「使い捨て雑巾」。吸水性のある木綿のものがおすすめです。使い捨てができるのでトイレや外回りなど汚れがきつい場所の掃除や、小さく切ればキッチンの油汚れ落としにも使えます。

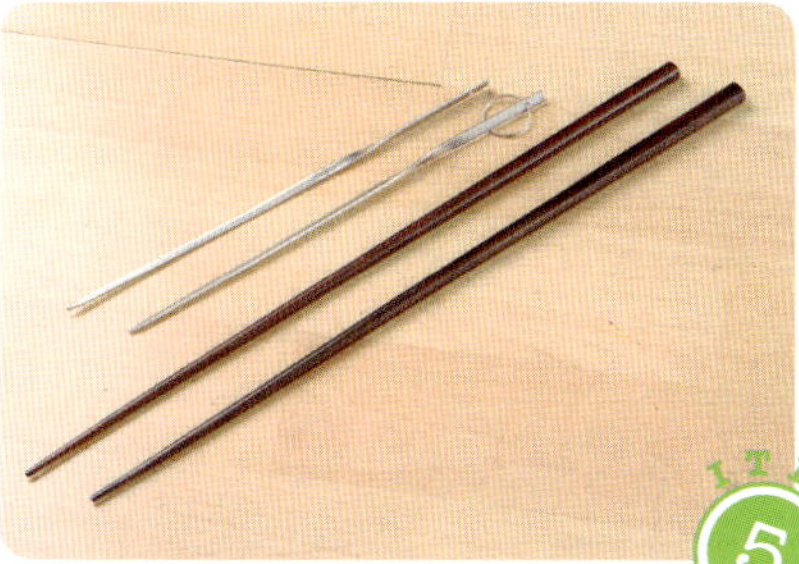

ITEM 5

掃除棒

尖った先端に雑巾を当てて、溝などの細かい場所の汚れを落とします。竹串は折れたり先が尖りすぎることもあるので、「ステンレス焼き串」が便利。長いものは不用になった「菜箸」で、こちらは手が届かない奥まった部分の掃除に使います。

こちらも基本！

バケツ

雑巾洗いや水が必要な掃除のお供に。

刷毛

ペンキ用の刷毛。溝の掃除に流用。

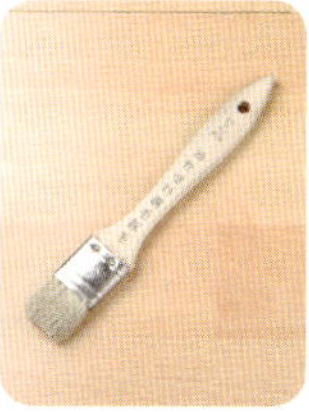

両面ブラシ

2種類の毛が付いたブラシ(P39参照)。

掃除をラクにする

私のお助け掃除道具

基本の掃除道具だけでなく、お助け道具の力をうまく取り入れるのが、掃除をラクにするコツです。

ここで紹介するのは、基本の掃除道具ではカバーしきれない時や掃除を簡単にすませたい時、あると便利で頼りになる「お助け掃除道具」たちです。各メーカーさんの企業努力で考え抜かれた秀逸なものばかり。まさに「これは使える！」というものを選びました。

優れた道具を見つけ、今まで悩んでいた掃除が楽になった時は、自分の掃除スキルが上がった気持ちになります。ここの掃除はいつも大変……なんてことがあっては掃除のやる気も下がりがちに。そんな時は、掃除をラクにしてくれるお助け道具を探求してみるのも手です。

掃除をラクにするお助け掃除道具 01

濡れた場所でも使える乾湿両用ハンディ掃除機

ラピード ウェットアンドドライ

食器棚や冷蔵庫の上、棚の奥など、普通の掃除機では入らない場所のホコリ取りや掃除にも便利です。

Data

エレクトロラックス

ラピード・リチウム ウェットアンドドライ ZB6106WD

サイズ：410×124×137mm

コードがなく取り回しが楽なハンディ掃除機は、1台あると便利。「ラピード ウェットアンドドライ」は、濡れた場所でも吸引できるので、洗面室に落ちた髪の毛、食べこぼし、目に入ったゴミまでサッと掃除できます。

床掃除ではフローリングモップとのペアで活躍。モップでホコリを拭き取り、そこで取りきれない大きめのゴミをハンディ掃除機で吸引すると効果的です。ブラシノズルを付ければ、ソファやテーブルの掃除にも対応します。

掃除をラクにするお助け掃除道具 02

3種類の極細ヘッドで狭いすき間も掃除機がけ

すきまノズル2

Data
コジット
すきまノズル2
サイズ：取り付け時最長160cm

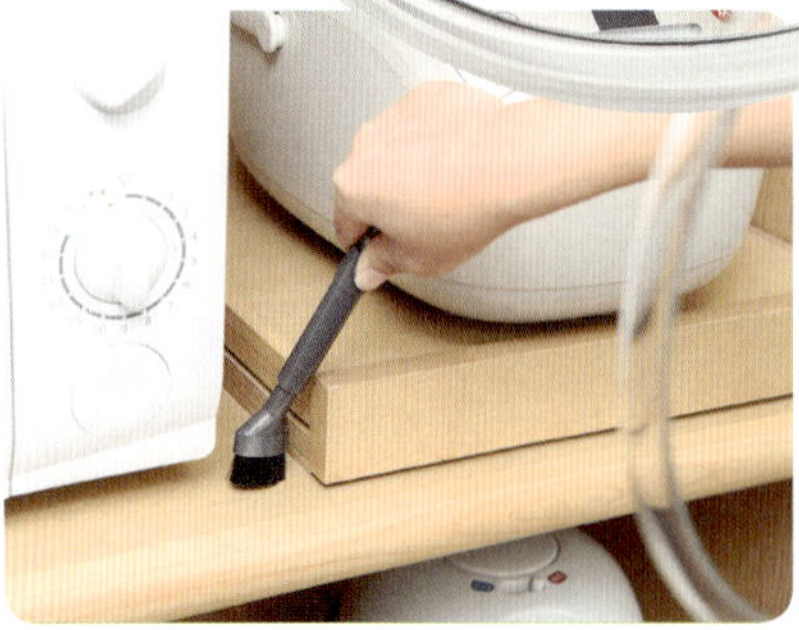

「すきまノズル」でエアコンや空気清浄機の排気口にたまったホコリ取り。「楕円ブラシ」で家電の凹凸を拭き掃除。場所に応じて3種類のヘッドを使い分けます。

すきまノズル、楕円ブラシ、パイプ付きブラシという3種類の掃除機用ヘッドがセットになったもの。マルチコネクタや極細ホースを介して、掃除機に取り付けて使います。ホースは長く、何よりすきまノズルが細いので、エアコンのフィルターや空気清浄機の吹き出し口など、普通の掃除機では入れない場所のホコリ取りに最適。

ブラシを付ければ、凸凹のある家電のスイッチやフタの裏などを、拭き掃除することなくきれいにできます。

掃除をラクにするお助け掃除道具 03

小回りが利くから、場所を選ばずに拭き掃除

ミニフローリングワイパー

Data

アズマ工業

SMART381Ⅳミニフローリングワイパー

サイズ：約18×6.3cm（ヘッド）、約40×63.5cm（全長）

スリムサイズで軽いので、部屋の高いカベを拭いていても疲れません。タンクなどがジャマになって奥まで手が届きにくい、トイレのカベ掃除にも向いています。

ヘッドが約6×18cmと小さくて軽く、小回りにすぐれたフローリングモップ。従来のフローリングモップではヘッドが大きくて入らないような、家具と家具のすき間の掃除に便利です。

また、長さ調節ができるので、縮めた状態ではベランダのない腰高窓の外側の窓拭き、伸ばした状態ではカベの高いところの掃除などさまざまな場所で多様に使えます。トイレに1本置いておいて、トイレの床やカベ掃除専用にしてもよいと思います。

どんな床でもどんな場所でもゴミをキャッチ

コロコロフロアクリン

粘着シートはビニール床にもくっつきません。使ったあとにシートを捨てる時は、特殊なミシン目できれいに切れます。

Data
ニトムズ
コロコロフロアクリン
サイズ：610（最短）～970（最長）mm
付属テープサイズ：160mm×30周巻 1本

弱粘着と強粘着を組み合わせた特殊加工の粘着テープで、フローリングでもべったり張り付くことなく使える新感覚のコロコロ。フローリングモップでは取り切れない、砂などの大きめで固形のゴミを取るのに重宝します。

柄の長さは調節でき、洗面室にコンパクトに置いておいて髪の毛やホコリを取るのに使ったり、柄を伸ばせばフローリングモップ代わりにもなります。従来の粘着クリーナーでは活躍できなかった場所でも万能に使える1本です。

掃除をラクにするお助け掃除道具 05

ラグの奥に入り込んだ抜け毛やゴミをかき出す

おそうじブラシかきとーる

Data

アズマ工業

BA733おそうじブラシかきとーる

サイズ：約13cm（ブラシ幅）、約29cm（全長）

ソファの四隅もゴミがたまりやすい場所。ブラッシングすると、ゴム製のしなやかな毛先が奥まで入り込んで、ゴミや抜け毛をかき集めてくれます。

毛足の長いラバーブラシです。ペットのいる家庭ではペットの抜け毛掃除に使いますが、リビングのソファの四隅にたまったホコリやゴミをかき出すのにも重宝します。

また、活躍するのがラグマットの掃除。これでブラッシングすると、ラグマットの繊維の奥に入り込んでいる抜け毛やゴミをかき出すことができます。掃き出したゴミは、ガムテープや粘着クリーナーでまとめて取って、そのままゴミ箱にポイッ。

掃除をラクにするお助け掃除道具 06

雑巾では届かない場所のホコリを拭き取れる

激落ち お掃除てぶくろ

Data

レック

激落ち お掃除てぶくろ 2枚入り

サイズ：155×200×10mm

すき間や溝、高い場所に直接触れることで、ホコリや汚れを落とせます。カーテンレールの上、天井の照明器具など、目線の「上」を掃除する時の必需品です。

マイクロファイバー素材でできた5本指の手袋で、手に着けたままあちこち掃除できるスグレモノ。カーテンレールの上、照明器具、電気コード、テレビの裏側の凹凸……など、雑巾では届きにくい細かい場所のホコリや汚れを落とせます。

ハンドクリームを塗ってこの手袋をしながら掃除をすれば、中がほどよく蒸れてハンドケアになるという意外なメリットも。汚れたら洗濯機で丸洗いでき、繰り返し何度も使えます。

掃除をラクにするお助け掃除道具 07

“気がついた時”の拭き掃除にちょうどいい

激落ち ハンディクロス

Data

レック

激落ち ハンディクロス 大判サイズ 13枚入

サイズ：300×275mm

薬剤を使っていないので、素手で持ってちょこちょこ掃除するのに使っています。ウエスを作るのが面倒という方は、ウエス代わりに常備しておくと便利です。

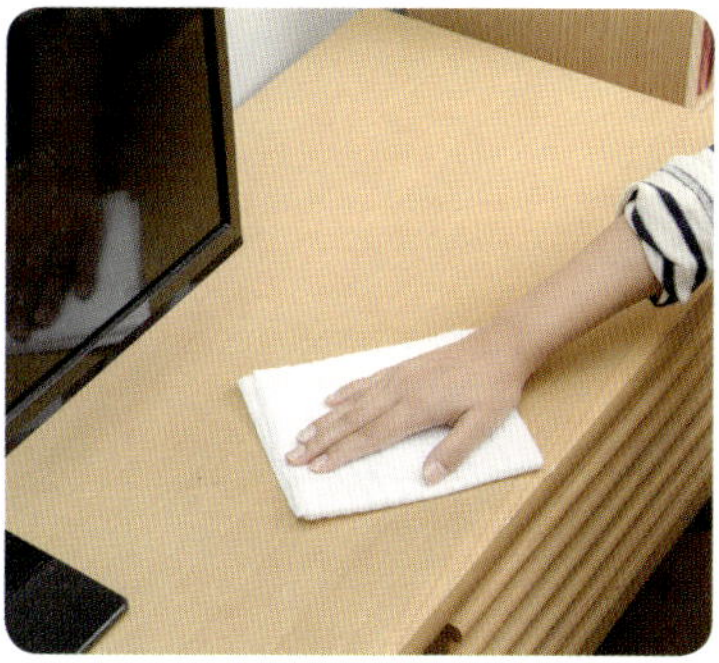

ホコリが取れやすい立体構造の掃除用クロス。忙しい時のホコリ掃除や、気が向いた時の“ながら掃除”に使います。ウエス代わりに部屋のどこでも拭けますが、静電気によるホコリが付きやすいテレビボードの近くに置いておくのがおすすめです。

一般的な掃除シートに使われている薬剤やオイルは不使用。素手でそのまま掃除しても安心です。大判サイズなので、好みの大きさに切ってちょこちょこ使ってもいいですね。

掃除をラクにするお助け掃除道具 08

洗剤を使わずに油汚れが落とせるクロス

ボアレンジクロス

レーヨンの起毛生地は、厚手でソフトな手ざわり。洗っても機能が落ちることなく、繰り返し使えます。

Data
原田織物
ボアレンジクロス
サイズ：約20×30cm

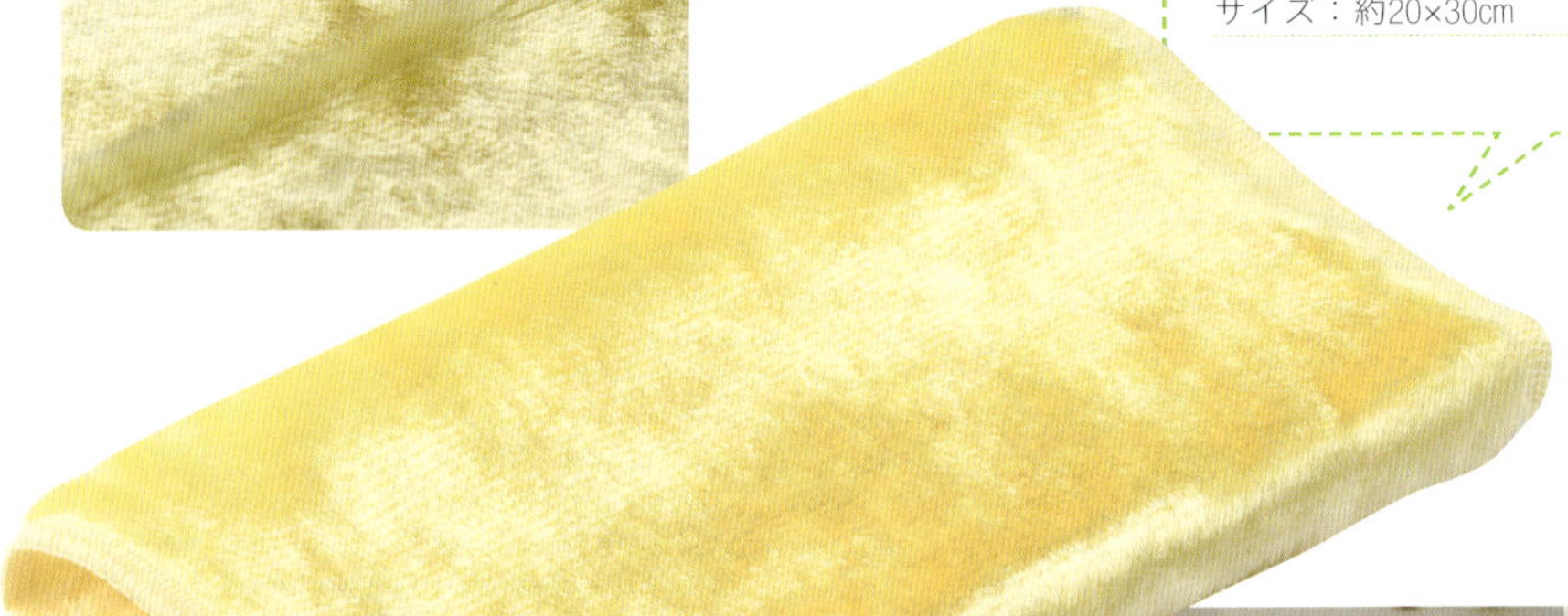

洗剤は使わず、水で濡らして拭くだけ。コンロ周りや換気扇の油汚れ、電子レンジ内部の飛びちりをからめ取って落とします。

洗剤を使わずに、ガスコンロやIHヒーター周りの油汚れを落とせるクロス。毛足がやわらかく繊細なので、拭いても素材を傷つけることはありません。洗車などにも使えます。さらに毛足の長さを活かして、網戸掃除でも活躍。毛足が網戸の格子の間に入り込み、汚れを落としてくれるのです。

数あるレンジクロスの中でも、この原田織物さんの製品は特に私のおすすめ。自社工場製品でノンホルマリン・無蛍光とこだわって作られています。

掃除をラクにするお助け掃除道具 09

ラインに沿って切るとウエスに再利用できる

その次があるやわらかフェイスタオル

Data

無印良品

オーガニックコットン混その次があるやわらかフェイスタオル

サイズ：34×85cm

タオルにはあらかじめラインが入っていて、それに沿ってハサミで切るだけでウエスの出来上がりです。

四等分したタオルはウエスにちょうどいいサイズ感。拭き掃除に使って汚れたら、そのまま捨てちゃってOK。

四等分すると雑巾サイズになるフェイスタオル。素材も大きさもウエスにするのに最適です。商品名にもなっている通り、フェイスタオルとして使い古した後にウエスにすることを想定し、あらかじめ切れ目が入っています。

切れ目をハサミで切れば、糸くずを出すことなくちょうどよいサイズのウエスが4枚出来上がります。オーガニックコットン素材でやわらかく、厚手で、日常使いのタオルとしての使い心地もGOODです。

掃除をラクにするお助け掃除道具 10

みっちり生えた毛足でゴシゴシお風呂掃除

sooq ハンディブラシ

Data
ケユカ
sooq ハンディブラシ
サイズ：7.5×14×9.5cm

グリップが女性の手にしっかりフィットします。ブラシは毛足が短いので力を入れやすく、お風呂場の床から浴槽のフタまでゴシゴシ磨けます。

インテリアショップの商品なのに、掃除用品メーカーのバスブラシをしのぐ使いやすさです。

毛足が短く、力を入れても毛先が折れないので、お風呂場の床やカベを均等にこすることができます。毛足の密度もみっちりで、泡立ちも抜群。持ち手がしっかりしているわりに大きすぎず、女性の手にもフィットしやすいのも好印象です。立てて置いておけるので濡れたブラシを乾かしやすく、見た目もスタイリッシュです。

掃除をラクにするお助け掃除道具 11

2種類のブラシが掃除しにくいところで活躍

タイル目地ブラシ

Data
山崎産業
タイル目地ブラシ
サイズ：250×20mm（毛の長さ：30mm）

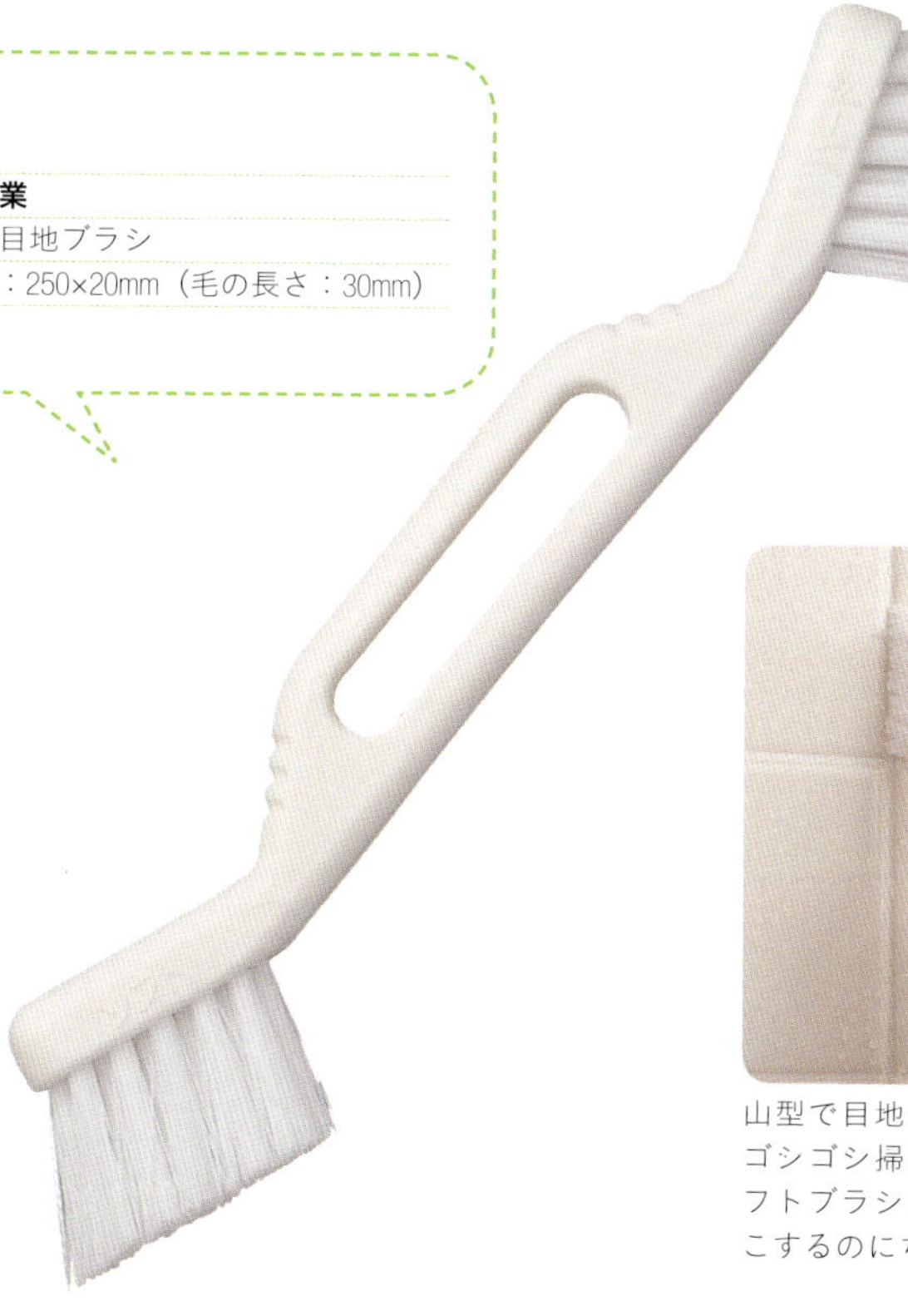

山型で目地に入り込むハードブラシではゴシゴシ掃除。毛が長めでやわらかいソフトブラシは網目状の目皿などをざっとこするのにちょうどいいです。

硬さの違うハードとソフトの2種類のブラシが両面に。ハードブラシは山型にカットされ、目地のわずかなすき間に入り込んでゴシゴシ掃除できます。やわらかいソフトブラシは、細かいところの汚れをかき出すのに便利。私はお風呂場のサッシのすそや排水口の目皿、蛇口の裏側まで活用しています。

持ちやすい形状のグリップは、抗菌加工済みなので衛生的。ちなみに、お掃除会社のプロの方も使っているそうですよ。

掃除をラクにするお助け掃除道具 12

陶磁器のしつこい水あかやシミをこすって落とす

おまかせください 洗面台用

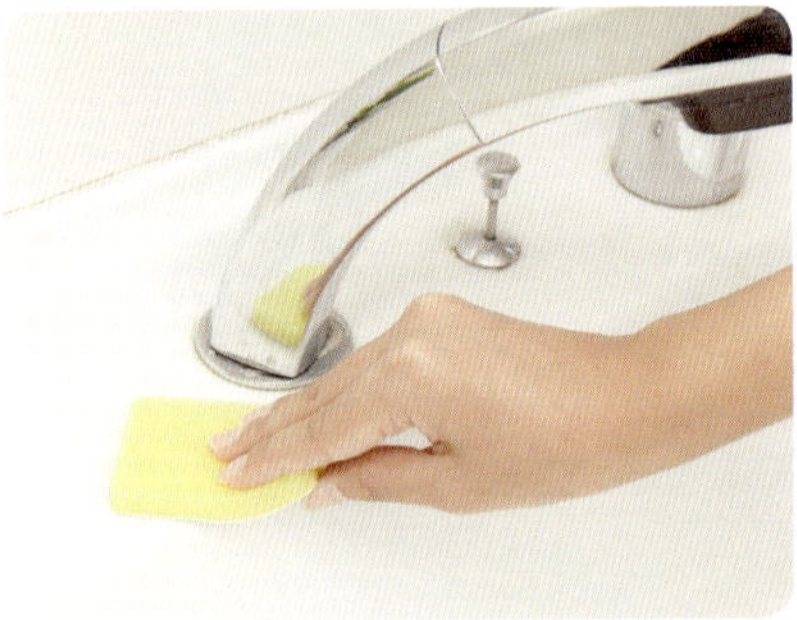

両面がそれぞれ研磨材（軽石）とスポンジになっています。やわらかいので水栓のつけ根もこすりやすいです。キズが心配な場合は、目立たない部分で試してから使いましょう。

Data

レック

おまかせください 洗面台とタンクの水アカ・輪ジミがとれる 2枚入り

サイズ：5×7×1.5cm

トイレの水受けや洗面台などにこびりついた、しつこい水あか汚れを落とせる研磨材付きスポンジ。陶磁器のトイレタンク・洗面台専用です。お酢でパックをしたり、洗剤でこすってもダメな場合に使います。洗剤は不要で、水に濡らしてこするだけ。

汚れを削り取るのでよく落ちますが、本体の素材も傷つけることがあり、汚れの再付着が起こりやすくなることを覚悟して使います。本当に最後の手段として、持っておくと心強い存在です。

「天然」と「合成」を上手に使い分け
頼りになる愛用洗剤

大袋で買った洗剤はボトルや小ビンに小分けして、中身がわかるようにラベルを貼っています。同様の理由で、スプレーボトルは色違いに。洗剤を入れる容器を自分好みで選ぶのも、掃除の楽しみです。

私は、素材そのままを使用するナチュラルクリーニングといわれる方法を中心に掃除しています。そんな私が愛用している洗剤たちは、必ずしも洗剤用として商品化されたものではありません。そのため、それぞれが「ひとクセ」ある個性的なものです。使いこなすのに苦労しますが、それだけの効果もあります。

また、場所や掃除する対象の素材が難しいものなどは、使い勝手のよい合成洗剤も取り入れています。無理せず合成洗剤の良い点も認めて使うようにしたところ、掃除の幅がグンと広がりました。使用上の注意をよくお確かめの上、ご活用下さい。

アルカリ電解水

■レック

水の【激落ちくん】

無味無臭のクリーナーで、油汚れにすぐれた効果を発揮します。水を電気分解したものなので吹きかけても成分が残留せず、二度拭きが不要。界面活性剤不使用なのも高ポイントです。アルカリ性なので、使用できないものが多い点には注意が必要です（使用不可なものは重曹の項を参照）。

純植物性石けん

■シャボン玉石けん

シャボン玉 純植物性スノール

脂肪酸ナトリウムが99%の、添加物なしの純粉石けん。表記上は洗濯用ですが、掃除にも広く使用することができます。サラサラの粉は溶けやすくモコモコの泡にしたり、濃いめのせっけん液にしたりと、さまざまな利用方法があります。アルカリ性なので使用できないものがあります（使用不可なものは重曹の項を参照）。

重曹

■アームアンドハンマー

ベーキングソーダ

水に溶かしてつけ置き洗いに使ったり、クレンザーのように研磨剤として使用したり、しかも消臭効果があるなど多用途です。ただし、傷つきやすい素材には使えません。またアルカリ性なので、無垢材、木材、白木、絹、畳、黄麻などの天然繊維のもの、皮革類、漆器、塗装してあるもの、アルミ、銅、真鍮、貴金属、宝石類、クリスタル、大理石などには使用できません。ご注意を！

酸素系漂白剤

■シャボン玉石けん

酸素系漂白剤

洗濯物の漂白、染み抜きのほか、キッチンではフキンや調理器具の除菌漂白、食器の茶渋落とし、排水口の掃除に使用しています。洗濯槽の洗浄にも効果的です。塩素系漂白剤に比べて刺激臭もなく使用感がマイルド。なお、毛、絹、金属、漆器などには使用できません。長期間密封保管すると袋が破裂する恐れがあります。

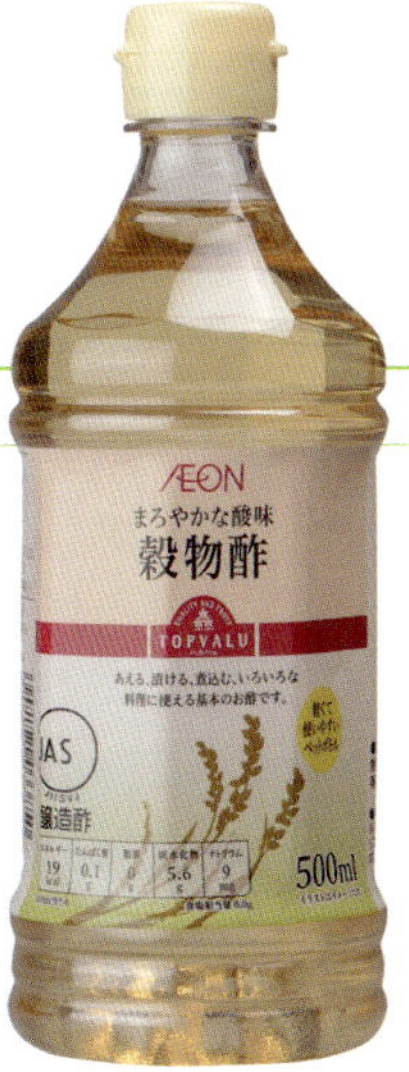

穀物酢

■トップバリュ

穀物酢

弱酸性で、水回りの水あか落としやトイレ掃除に向いているお酢。消臭効果、除菌効果もあります。掃除には糖分を含まない穀物酢が向いています。ただし、鉄製品を錆びさせたり、大理石を変質させることがある点には注意。酸に弱いものにも使用できません。また、塩素系漂白剤とは一緒に使用しないで下さい。

スプレー洗剤の作り方

穀物酢はスプレーできるようにしておくと使い勝手がよくなります。下記の分量で水道水と混ぜて、スプレーボトルに入れて使用します。なるべく1～2週間で使い切るようにしています。

❶お酢スプレー

穀物酢１：水１の割合で混ぜます。

❷クエン酸スプレー

水200mlに対して、クエン酸小さじ１を溶かします。

（参考）アルコールスプレー

消毒用エタノールは希釈せずそのまま使用します。ただし、アルコール耐性のあるボトルに保管して下さい。

※酸性、アルカリ性の洗剤は、このページで紹介した素材以外にも、使用することで素材を変質させる恐れがあります。目立たないところでテストしてから使用するようにして下さい。

健栄製薬

消毒用エタノールIPA 500mL

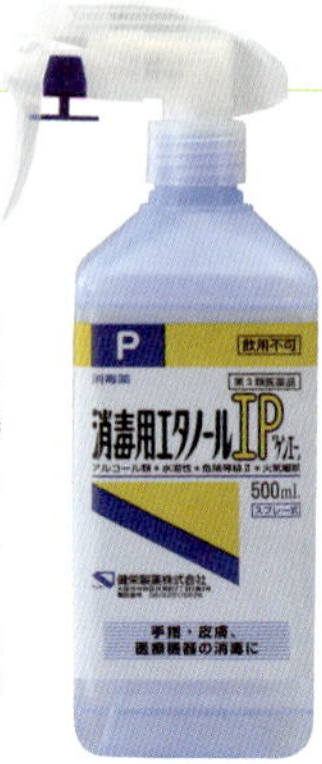

台所での除菌、お風呂場のカビ対策に使用しています。スプレーボトルに移し替える場合は、アルコール耐性があるものを。火気は厳禁。また、樹脂・ゴム・皮革・白木・桐・スチロール製品・塗装してあるものなどは変質することがあるので注意が必要です。

ねば塾

白雪の詩

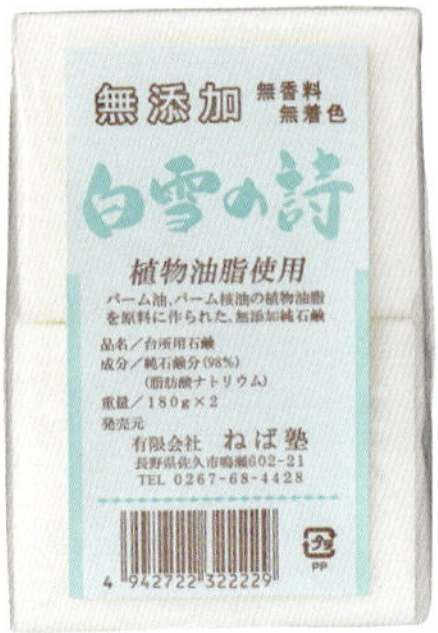

脂肪酸ナトリウム98％の純石けん。食器洗いや掃除、雑巾洗いに使用しています。また良質な泡が立つので洗髪、洗顔、全身洗いにも愛用。製造販売元のねば塾さんの石けんは、どれも良品です。

ミヨシ石鹸

なの花せっけん

純液体石けんで、こちらは台所用。泡で出るボトルに入れてキッチンに設置。食器洗いだけでなく、シンク洗いやフキンの洗浄などに愛用しています。液体石けんの中でも原料臭が少なく、サラっとしているのがお気に入りです。

ミヨシ石鹸

無添加泡のハンドソープ

純液体石けんです。台所用よりアルカリ度が低く手肌に優しくなっています。泡で出るボトルに入れて洗面所に設置。手洗いはもちろん、洗面ボウルの掃除やワイシャツ襟袖の予洗いにも活用しています。

ジョンソン

スクラビングバブル トイレスタンプ クリーナー 漂白成分プラス

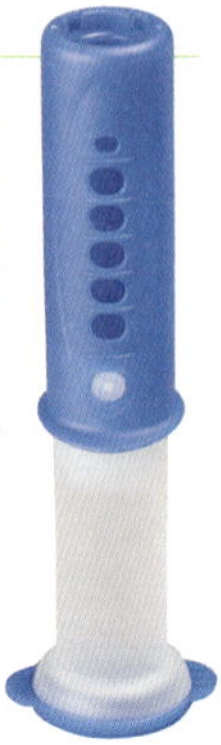

便器内を掃除した後にこれをスタンプすると、水を流すたびにスタンプから洗剤が溶けて洗浄してくれます。防汚効果もあり、自然とトイレ掃除の省力化になります。香りがよいので、芳香剤の役目も果たしてくれています。

花王

トイレマジックリン 消臭・洗浄スプレー ミントの香り

温水洗浄便座に使用できるとうたっている製品なので、安心してトイレ掃除に使っています。中性なので便座はもちろん、洗浄ノズルにも使用可能。トイレ掃除はお酢スプレーとこのスプレーとを使い分けています。

Column

ナチュラルクリーニング その魅力と落とし穴

汚れを化学的にとらえると、油や皮脂が付いた「酸性」汚れ、水あかや石けんかすなどの「アルカリ性」汚れ、２つの性質があります。反対の性質をもつ素材を使って中和させ、汚れを落とすのがナチュラルクリーニングの基本です。重曹や粉石けんは弱アルカリ性なので酸性の汚れに使い、酸性のお酢はアルカリ性の汚れに使います。

重曹やお酢などを使ったナチュラルクリーニングは、合成界面活性剤を使わず汚れの性質にダイレクトに反応させるため、とても効果的。成分もシンプルで肌や環境への負担も軽く低コストです。シンプル素材で楽しい実験気分も味わえるのも、ナチュラルクリーニングの魅力だといえます。

けれど、洗剤として製品化したものではない分、使いにくい点がたくさんあります。誤った使用法で変色させたり、乾くと成分が浮き出てしまったりと、私も何度も失敗をしてきました。わずかな原料臭もあります。

一方、市販の洗剤は使い勝手を考え開発されています。素材を選ばない中性洗剤、あるいは〇〇用と明記され、よい香りも付いています。

どちらが良いとはいえませんが、市販洗剤との特性の違いを理解したうえで、ナチュラルクリーニングを勉強し、そして楽しんでいきたいなと思っています。

掃除道具の収納とメンテナンス

一流のスポーツ選手は自分の用具を丁寧にメンテナンスし、大切に扱うそうです。それはどの世界でも同じだと思います。だからというわけではありませんが、私も掃除道具はとても大切にしています。どれも特別なものでも高価なものでもありませんが、使った後はきっちり洗浄して清潔を保ちます。

　収納する時は取り回しやすさもそうですが、〝形〟も大事。小分けケースにこだわったりバケツをかわいい見た目のものにしたり、目に入った時に掃除が楽しくなるような収納術も、『お掃除やる気スイッチ』のひとつになります。

POINT 1

洗剤は容器に小分けする 中身もわかりやすく！

重曹、粉石けん、酸素系漂白剤などの洗剤類はインターネット通販で大袋を買っているので、使いやすく小ビンに小分けしています。また、セスキ炭酸ソーダやアルコールを入れたスプレーボトルも、色を変えて中身がわかるようにしています。

POINT 2

洗剤の注意事項は切り取って別に保管

小分けすることで洗剤の注意事項がわからなくなってしまわないよう、パッケージの取扱説明書の部分は切り取ってクリアケースに入れて保管しています。

雑巾などは石けんで洗い干したらそのままバケツへ

マイクロファイバー雑巾やアクリルたわしは、掃除終了後に石けんで洗ってベランダに干し、夕方に洗濯ものと一緒にとりこみます。明日も使うものなので、バケツに放り込んでおけばOK。バケツは小さめで少し深さがあるものを選ぶと持ち運びやすく、雑巾も洗いやすいのでおすすめです。

POINT 3

掃除道具はまとめて手つきバスケットに収納

細かな掃除道具は、手つきのバスケットにまとめて取り出しやすいところに置いています。掃除棒や細かいブラシ類など、このバスケットを取り出せばいろいろな掃除を開始することができます。

POINT 4

POINT 5

乾燥と収納を兼ねるミニピンチハンガーを活用

洗濯機の上のスペースには洗濯用のミニピンチハンガーを吊るしておくと、掃除道具の乾燥に便利。アクリルたわしや洗濯機のゴミポケットを干すのに活用しています。

POINT 6

野菜保存ネットでサッと取り出せる収納

ウエス、掃除機ノズル、フローリングモップのフィルター類などは取り出しやすいように広口のネットに入れています。100円ショップの野菜保存ネットはメッシュになっているので中身が確認しやすく、使い勝手は抜群です。

Column

洗濯に掃除、洗顔まで
私が石けんを使う理由

掃除でナチュラルクリーニングに目覚めたのと同時に、「純石けん」との出会いがありました。純石けんとは添加物がなく、脂肪酸カリウムや脂肪酸ナトリウムと水だけで作られた製品です。

アルカリ性の石けんは汚れ落ちがよく、食器洗いはもちろん、洗濯や掃除にいろいろな使い方ができます。そのうち掃除だけではなく、洗顔や身体洗い、洗髪にまで石けんを使うようになりました。香りはありませんが、スッキリ泡が流れる気持ちよさ、肌への負担が少ないところ、低コストであることなど、すっかり石けんに魅了されました。

その後、ある仕事がきっかけで、石けんは排水後、微生物に分解され水と二酸化炭素になり自然にかえるという過程を学び、石けんの持つ役割は環境問題にもおよんでいることを知りました。それからは、排水口を見ると「海の入口」と考えるようになったのです。今は石けんユーザーとしてその魅力とともに役割を考えながら、誇りを持って愛用しています。

第3章

［掃除術］

基本の掃除と
ラクラク掃除メニュー

家の汚れの種類を知りましょう 掃除は化学です

どうやったら汚れが効率的に落ちるのか勉強していくと、「掃除（汚れ）は化学である」ということが分かってきます。

少し難しい話になりますが、汚れは簡単に分けて2種類あります。油汚れなどに代表される「酸性」の汚れと、水あかなどに代表される「アルカリ性」の汚れです。

そのことに気が付いたのは、重曹やお酢を使ったナチュラルクリーニングを始めてからです。界面活性剤の力で汚れを落とす市販の合成洗剤と違い、反するものをぶつけて反応させ、中性に近づけて汚れを分解させる。それがナチュラ

汚れに対して効果があるもの

重曹、石けん、アルカリ電解水など

汚れに対して効果があるもの

食酢、クエン酸など酸性のもの

※それぞれ汚れだけではなく、匂いにも効果があります。

ルクリーニングです。

たとえばキッチンの油汚れ（酸性）には、アルカリ性の重曹や石けん、お風呂場の水あか（アルカリ性）にはお酢やクエン酸（酸性）を使うと汚れがよく落ちます。汚れの特性を知ると、掃除が化学の実験のようになってきて、グンと楽しくなってきます。

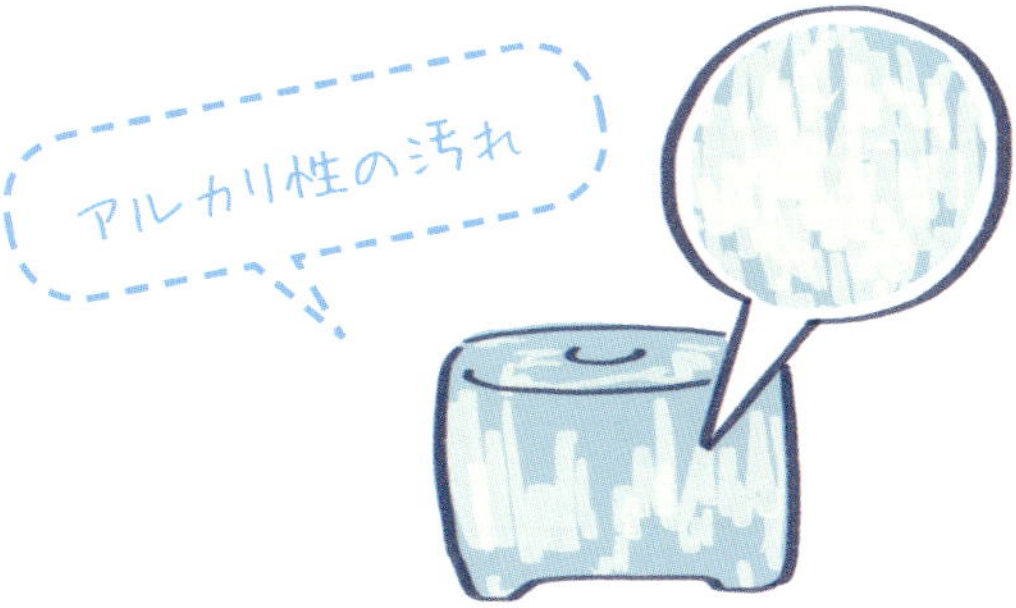

酸性 PH4～5	**酸性の汚れ**
	キッチンの油汚れ、手あか、湯あか
	酸性のにおい
	靴箱、排水口、生ゴミ
↑ **中性**　PH 7 ↓	
アルカリ性 PH8～13	**アルカリ性の汚れ**
	石けんカス、水あか、尿、カルキ
	アルカリ性のにおい
	尿の臭い、魚の臭い、たばこのヤニ

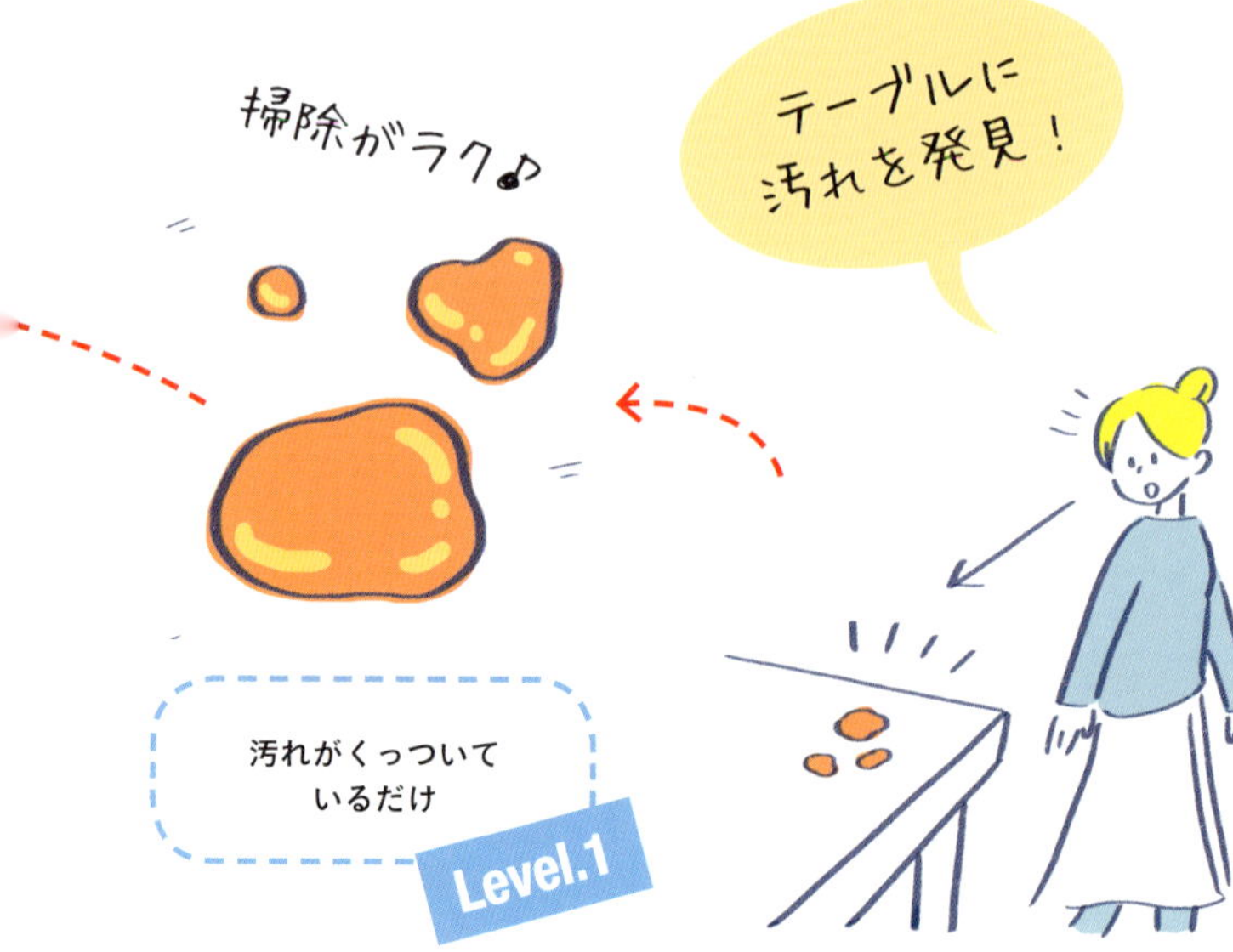
テーブルに
汚れを発見！
掃除がラク♪
汚れがくっついて
いるだけ
Level.1

汚れの度合に合わせた掃除で掃除の手間は減らせます

家の汚れには「レベル」があります。油汚れもカビにしても、最初はテーブルやカベにくっついているだけの軽い汚れにすぎません。マイクロファイバー雑巾やブラシで水拭きしたりこすったりすれば簡単に落ちる「レベル1」です。

この軽い汚れを放置しておくと、汚れがたまり、油分やさまざまな成分と反応して固まってきます。水拭きでは落ちない汚れの「レベル2」です。洗剤で汚れを浮かせて掃除をしなければなりません。

さらにこの固まった汚れを放置しておくと、固く癒着して家具などに浸み込むようになり、メラミンスポンジやヤスリで研磨しなければなら

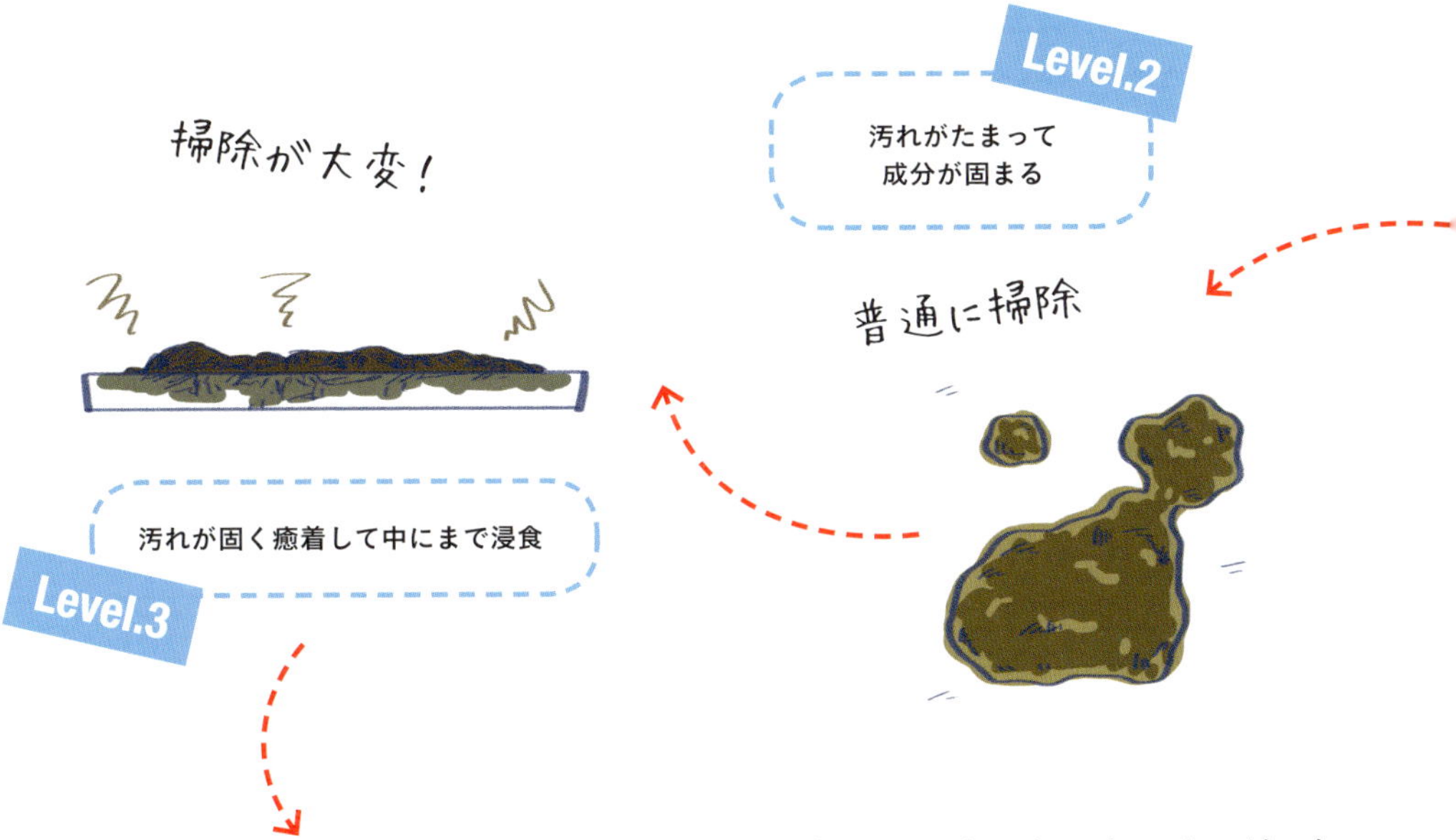

ない「レベル3」になります。研磨すると素材が痛みますし、汚れの再付着が起こるので、なるべく「レベル3」にはしたくありません。ちなみに、研磨しても落ちない汚れとなると、これはもうレッドゾーンの先でお手上げになってしまいます。

大切なのは「レベル1～2」で食い止めること。汚れをためないことです。それが、掃除をラクにするためのコツです。

キッチン編

キッチン掃除の大敵は油汚れ
アルカリの力を上手に使ってクリーンに

キッチン掃除で一番の敵になるのは、やはり「油汚れ」です。調理した時に飛び散った油汚れはもちろん、ホコリも油分を含んでいます。そのベトベトしたホコリを放置しておくと、キッチン全体の空気がもっさりし、酸化した古い油の臭いの原因にもなります。

毎日の食事を作るために、必ず立たなければならないキッチン。汚れて油臭かったとしたら、「おいしい料理を作ろう！」という気持ちになりづらいでしょう。もちろん衛生的にも心配です。

そのためにも、油汚れに力を発揮する「重曹」「石けん」「アルカリ電解水」といったアルカリ性の洗剤を上手に使って、クリーンなキッチンを作ることは大切です。料理だけではなく、クリーンな環境も「作る」、そして「キープ」するのがキッチン掃除に必要な心かけだと思います。

幸いキッチンには、掃除に必要な水もあります。毎日食事のために一定時間過ごす場所でもあるので、調理時間の延長に掃除があるという感覚で、掃除を組み込むようにしてみてはいかがでしょう。そのために、すぐに掃除ができるよう使いやすく洗剤を小分けにして置いておくなど、〝ついで掃除〟のシステム作りもしておきましょう。

アルカリ性の力で
ピカピカキッチン

掃除

シンク＆ガスコンロ

キッチンの第一印象を決めるのは、ピカピカに輝いたシンク。また、食べ物を扱う場所でもあるので衛生面もとても大切です。そのためにも、シンクは毎日掃除しておきたいですね。

　私の場合は、夕食の片づけ後の延長として、まとめてシンクも洗ってしまいます。食器洗い用とは別に、掃除用のアクリルたわし（またはスポンジ）を設置しましょう。毎日のことなので特別な洗剤は使わず、食器洗い洗剤を使ってシンクや水栓を丸洗いします。

　また、ガスコンロの周りも、すぐに油汚れでギトギトになってしまいます。清潔なキッチンを目指して、コンロのお手入れも忘れずに。ガスコンロの五徳や受け皿は、重曹を振りかけてアクリル

お掃除やる気スイッチ

明日の自分が
朝からスッキリ過ごせる。
そんな環境を作るため
前の晩にひと掃除。

朝起きた時に、汚れて散らかったシンクでは朝食の準備の段階からやる気がおきません。シンクをきちんとしておくことは、明日の朝の自分への気遣いにつながります。朝の自分の活力のために、一日の締めの気分で掃除しましょう。

たわしでこすり洗いします。重曹の細かい粒子の研磨作用で、こびりついた油汚れを落としてくれます。IHコンロの汚れも同様です。

■シンク周り

夕食の片づけ後の数分を使って、ついでに掃除しちゃいましょう。

アクリルたわし

毎日の掃除は食器洗い洗剤で シンク・水栓を丸洗い

食器洗い用のものとは別に、掃除用のアクリルたわし（またはスポンジ）を設置しましょう。毎日のことなので特別な洗剤は使わず、食器洗い洗剤を使ってシンク、水栓を丸洗いします。

泡たっぷりの 石けんで 週に一度は 水切りカゴも掃除

週に一度は、水切りカゴや食器洗いツールなども石けん（食器洗い用洗剤でもOK）を付けて丸洗いします。意外と汚れているものですし、固くこびりつくと厄介になります。

消毒用エタノール

特に衛生に 気をつけたい調理台は エタノール除菌

一番、衛生に気を付けたいのは調理台です。こまめに消毒用エタノールスプレーを吹き付け、台所用フキンなどで拭きます。軽い油汚れもサッパリ落ちますし、除菌もできて一石二鳥です。

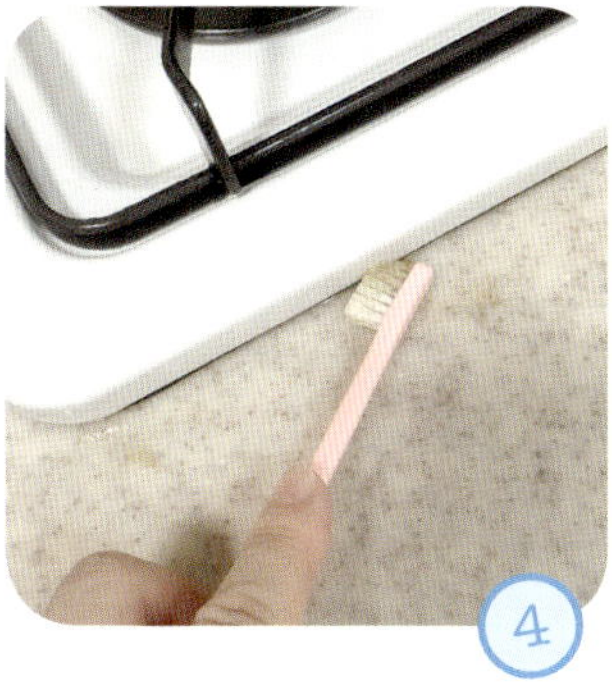

すき間汚れには アルカリ電解水と 古い歯ブラシ

コンロと調理台の間は、油汚れが溜まりやすい場所。アルカリ電解水を吹き付け、しばらくしてから古い歯ブラシで汚れをかき出します。真っ黒い汚れが出てきます。

シンクのフチも忘れずこすり洗い

シンクのフチ部分の掃除は忘れがちですが、カビや汚れが付着する場所。ブラシを使って重曹でこすり洗いしましょう。

重曹

シンクのくもりは重曹で解決できます

毎日洗っているのに、「シンクがくもってきたな」と思ったら、重曹でスペシャルケア。重曹を振りかけ、アクリルたわしでこすり洗いをすれば、重曹の研磨作用でピカピカになります。乾いたあと白く浮き出るようだったら、仕上げにお酢スプレー（穀物酢を同量の水で薄めたもの）をかけて中和させます。ウエスで拭きとるときれいになります。

排水口は重曹とお湯割り酢でシュワシュワ掃除

排水口には重曹をカップ2分の1（100ml）振り入れ、さらに穀物酢とお湯を1：1で割ったものを1カップ注ぎます。すると、アルカリ性と酸性が反応して泡が発生。30分ほど放置してから古歯ブラシでこすり洗いすると、臭いも汚れもすっきりします。

水気を拭き取るとピカピカ仕上がり！

シンク掃除のポイントは、洗ったら必ず拭き上げて乾燥させること。特に水栓は、乾いたタオルで磨くほどピカピカになります。

排水トラップも週一度はゴシゴシ

排水トラップは、週に一度は食器洗い洗剤と古歯ブラシで洗います。それでも汚れがひどい場合は、酸素系漂白剤につけ置きして洗います。アクリルたわしでは落ちない、細かい突起部分の汚れは古い歯ブラシでゴシゴシ。

※調理台やシンク、コンロは、人工大理石などのさまざまな材質が使われています。重曹や石けん、お酢などを使用することで変質することがあります。材質に注意してお試し下さい。

ガスコンロ

油汚れは、時間が経つほど固くこびりつきます。調理後にササッと掃除すれば後がラクですよ。

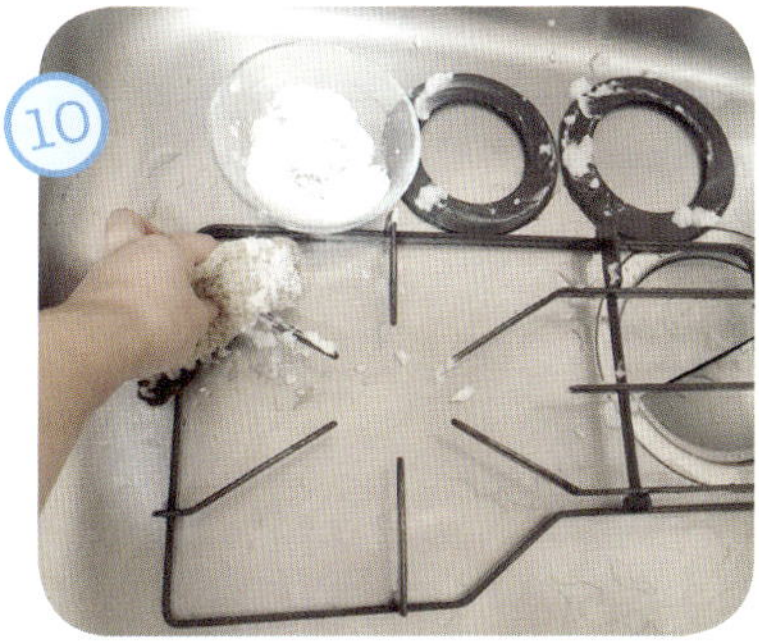

コンロの油汚れには重曹＋アクリルたわし

ガスコンロの五徳や受け皿は、重曹の粉を振りかけてからアクリルたわしでこすり洗いします。重曹の細かい粒子の研磨作用で、こびりついた油汚れを落としてくれます。

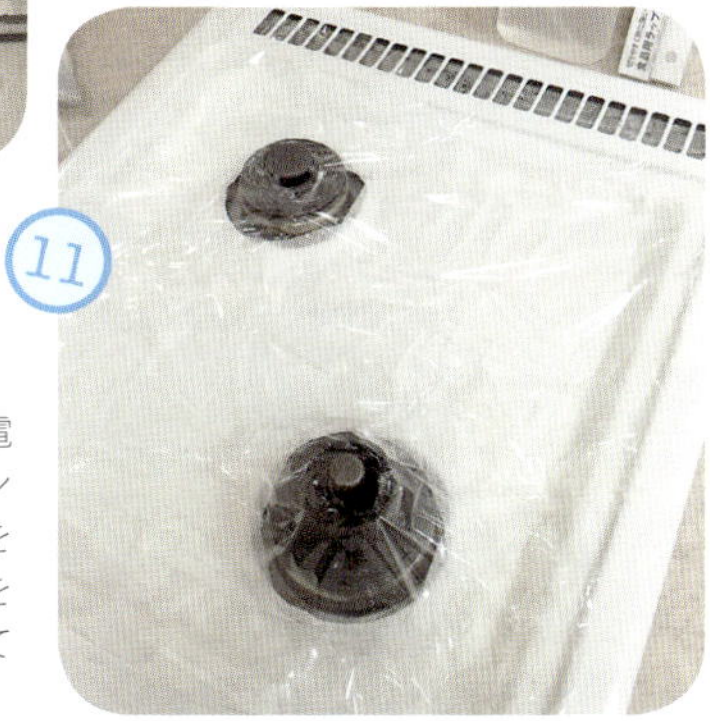

アルカリ電解水でレンジ周りを拭き取る

レンジ周りは、油汚れに強いアルカリ電解水で拭きます。ひどい汚れはキッチンペーパーで覆った後、アルカリ電解水をたっぷりかけて“湿布”し、上からラップをふわり。5分ほど待って、汚れを浮かせてから拭き取ります。

IHコンロの汚れを落とすには？

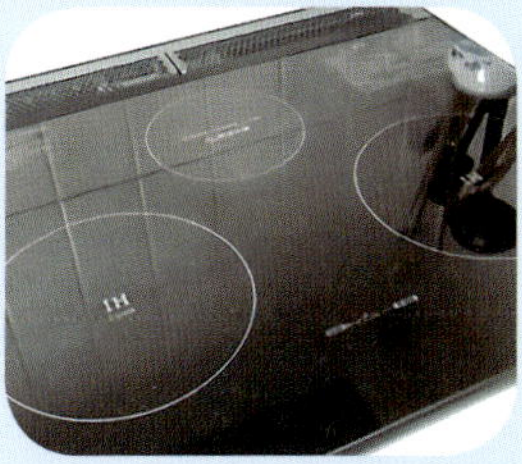

キズを付けずにすっきりきれいに

きれいに汚れが落ちています。重曹はクレンザーよりも粒子が細かいので、こすっても傷が付きにくくすっきり仕上がります。

落ちにくい汚れは重曹を振りかけて

特にラジエントヒーターには汚れがよく付きます。拭いても落ちなくなった汚れには、重曹を振りかけ、軽く濡らしたアクリルたわしでこすります。

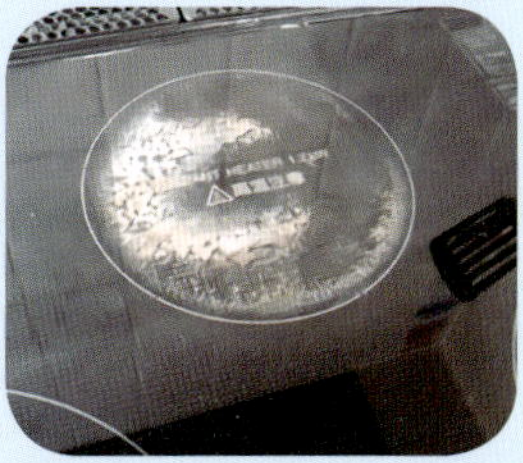

汚れはウエスですぐ拭き取る

IHコンロを使っている場合、鍋底が濡れていたり汚れが付いたりしたまま使用するとコゲつきが生じます。汚れはすぐ、ウエスで拭き取ります。

煮ても落ちない汚れ こすり洗いで落とす

煮ている最中に、だんだん汚れがはがれ落ちて浮いてきます。お湯が冷めたら、そのお湯を使ってこすり洗いをすれば、スッキリきれいになります。

13

14

短時間の掃除を積み重ねで 清潔できれいなキッチンへ

毎日のちょっとしたお手入れの積み重ねが、清潔で気持ちの良いキッチン環境を作ります。

12

こびりつき汚れは 重曹水で煮洗い

重曹でこすり洗いしても落ちない、コンロ受け皿などのひどい汚れは鍋で煮洗いします。ステンレス鍋（アルミ鍋はNG）に水を張り、重曹大さじ3〜4杯を溶かし、受け皿を入れて10分ほど煮沸します。重曹水が飛び散ると白い跡が残るので、火加減に気を付けて下さい。

がんばりすぎない

ラクラク掃除メニュー

1 → 2 → 4

- 1 食器洗い洗剤でシンクを丸洗い
- 2 調理台をエタノール除菌
- 4 アルカリ電解水でコンロ周辺を拭き取り

シンク内部を食器洗い洗剤で洗い、水栓を乾いたフキンで磨くだけで全体がピカピカに見えます。排水口パーツや三角コーナーは、漂白剤でつけ置き洗いをすれば、すすぐ程度できれいになります。調理台やガスコンロ周りは、二度拭き不要で油汚れに強い、手間いらずのアルカリ電解水を活用しましょう。

消毒用エタノールで清潔キッチンを目指す

掃除

キッチン家電

キッチンにある冷蔵庫や電子レンジ、炊飯器などの家電製品は、ホコリ汚れだけではなく、調理中の油を含むべとついた汚れが付いています。調理後の延長で拭き掃除しておくだけで、ガンコな汚れになるのを予防できます。特に電子レンジや炊飯器は、使用後の湯気が残った状態こそ汚れがゆるみ、掃除するチャンス！　冷蔵庫は外せるパーツ類は外して、少しずつでも掃除していくと後で大きな負担になりません。

ホコリや油で汚れた最新機種よりも、きれいに磨かれた古い家電の方がより輝いて見えるもの。調理道具や家電を心を込めてお手入れするひとときは、充実する時間でもあります。事故防止のため、コードは必ず抜いてからはじめましょう。

お掃除やる気スイッチ

家電もピカピカでないと美しいキッチンは成立しません。それに家電は、こまめにお手入れしたほうが長持ちするんです。

シンク同様、電子レンジや冷蔵庫といった家電は「美しいキッチン」を演出するパーツのひとつです。プロの料理人が調理器具を大事に扱うように、“家庭内の料理人”として家電はプライドをもってメンテナンスしましょう。家電はこまめにお手入れすることで、寿命も長くなります。お手入れが経済的なメリットにつながることもお忘れなく！

消毒用エタノール

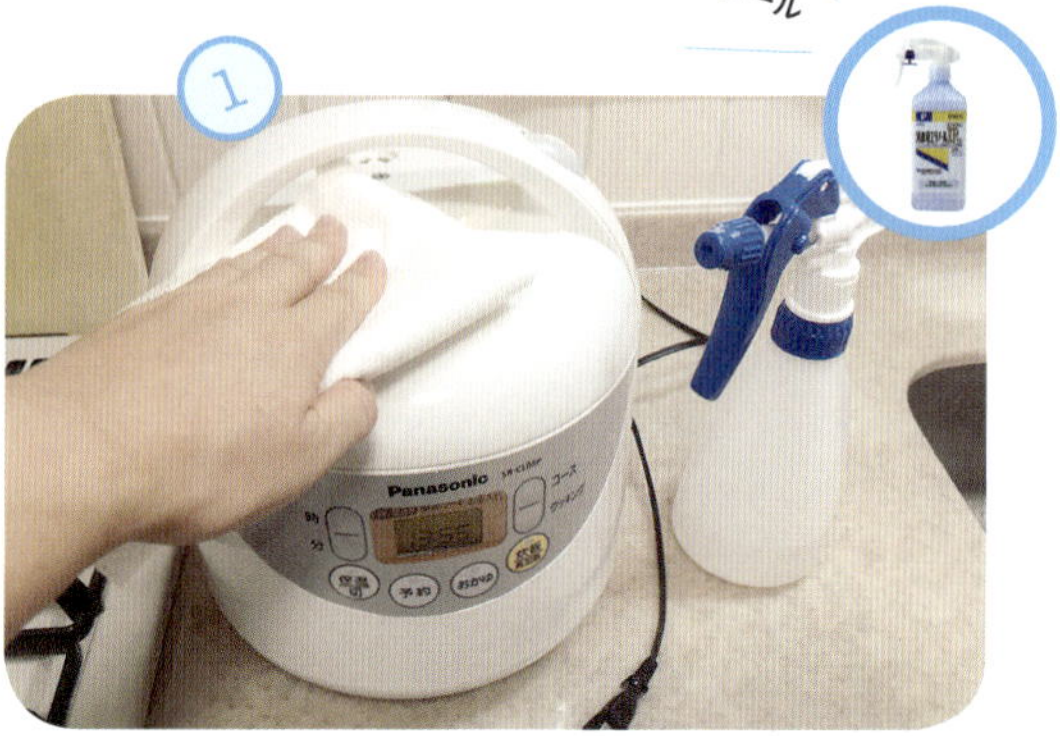

家電の外側の拭き掃除は エタノールを付けた布で

家電製品の外側は、消毒用エタノールを含ませたやわらかい布で拭き掃除。これで手あかや汚れもスッキリ。エタノールは揮発性があるので、二度拭きもいりません。お手入れ前は事故防止のため、必ずコードを抜いて下さい。汚れているコードも忘れず拭き取って。

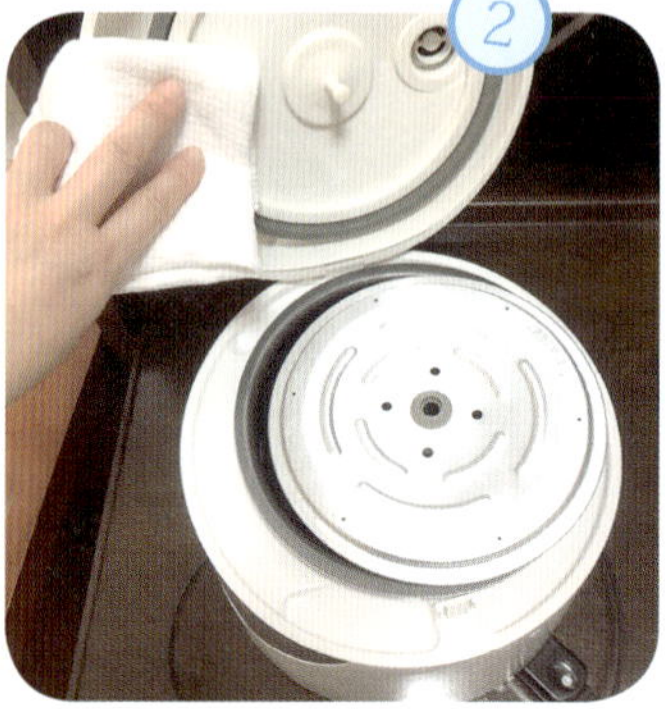

フタの内側などは 清潔なフキンで拭く

炊飯器や電気ポットのフタの内側の溝には、水滴や米粒などが付いています。水が付いたままだと汚れの原因に。清潔なキッチン用フキンで拭きます。

お酢を沸騰させて 電気ポットの カルキ汚れを撃退

電気ポットのカルキ汚れが気になる場合。満タンまで水を入れたら、穀物酢大さじ1を加えて沸騰させ、1〜2時間置きます。お湯を捨ててスポンジで中を洗うと、固まったカルキ汚れがきれいに取れます。なお、電気ポットにフィルターなどの付属品がある場合は、事前にすべて取り外して下さい。

冷蔵庫の内部は エタノールで拭く

続いて冷蔵庫。冷蔵庫内のパーツは、取り外してから台所用洗剤で洗います。庫内や外側は消毒用エタノールを含ませた布で拭き取ります。汚れをとるだけではなく、除菌もまとめてできて一石二鳥です。

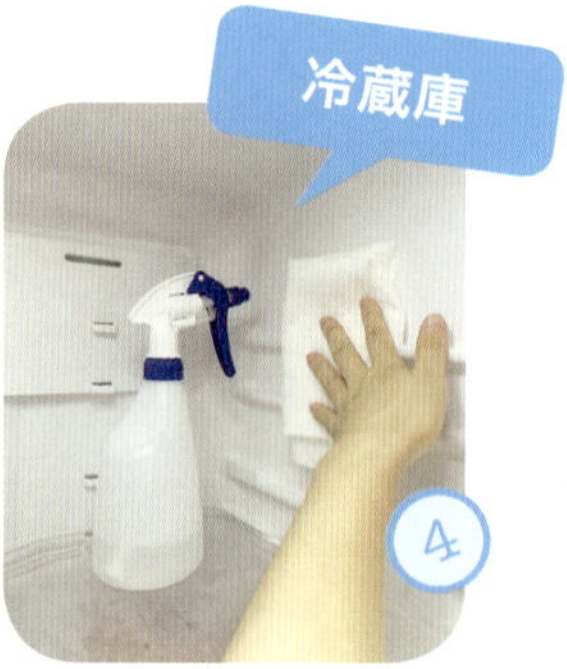

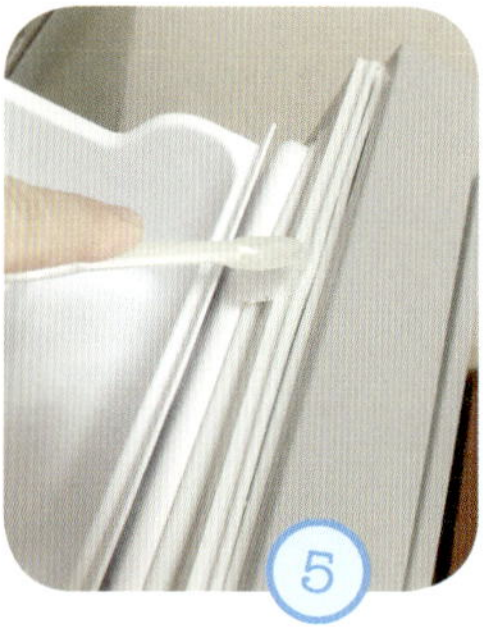

歯ブラシで パッキンの 汚れをかき出す

ドアのパッキンのすき間は細かいゴミが入り込みます。強く押し広げるとパッキンが痛むので、未使用のやわらかい歯ブラシなど、清潔なブラシを使ってやさしく汚れをかき出しましょう。

※家電製品は、素材や塗装により、エタノールおよび洗剤を用いると変質することがあります。目立たない場所でテストしてから使用して下さい。

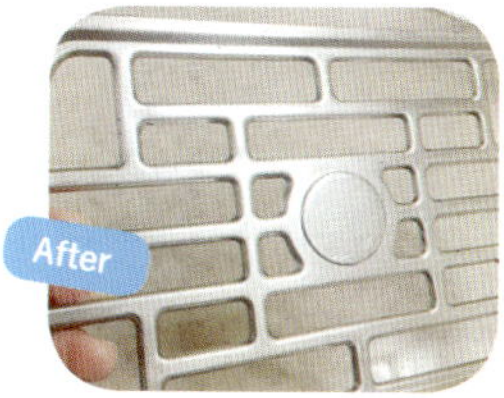

ターンテーブルは重曹で煮洗いして

着脱可能なターンテーブルや網は、こまめに洗っていても汚れがこびりついてしまうもの。そんな時は重曹で煮洗いします（詳細な手順はP60参照）。煮洗い後を見ると、こすり洗いをしても取れなかったコゲ付きがきれいに取れています。

電子レンジ

お湯を加熱して中の汚れをゆるませて掃除

電子レンジの内部は、油汚れだけでなく食品の飛び散りも付いています。掃除前に平らな皿に水を入れ、30〜60秒ほど加熱します。すると内部が温まり汚れがゆるむので、アルカリ電解水スプレーを吹きかけ、拭き掃除します。

がんばりすぎない ラクラク掃除メニュー

1 → 5

エタノールで
サッと拭き掃除

使用後の湿った
状態のうちに拭く

キッチン家電のうち、冷蔵庫は掃除する部分が多くおっくうになりがち。毎日一段ずつ取り組んで1か月で終わらせるなど、小分けして掃除すると負担になりません。炊飯器や電子レンジは、使用後の湯気で温かく湿っているうちに拭き掃除をすると、効率よく汚れを落とせます。

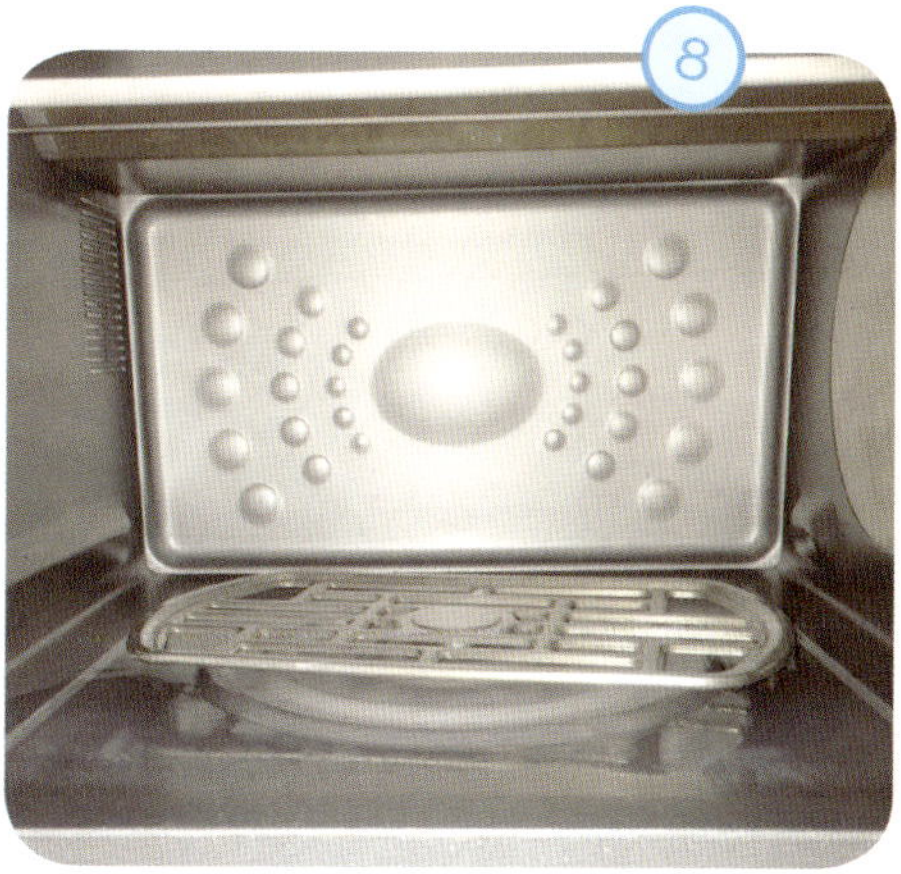

こまめな拭き取りでレンジのきれいは保てる

すっかりきれいになった我が家の電子レンジ。購入6年目になりますが、汚れに気づくたびに拭き掃除をしているので、ひどい汚れが付いていません。こまめな掃除を心がけ、ここまできれいに保つことができました。

石けんと重曹の力で
ガンコ汚れもスルリと解決

掃除

換気扇
（シロッコファン）

キッチンの掃除で一番手間がかかるのは、やはり換気扇でしょう。しっかり掃除するなら、解体する必要があります。換気扇にはプロペラファンやシロッコファンをはじめさまざまなタイプがありますが、「どの形状のネジか」「何か所ネジがあるか」「どの道具（ドライバー）で外せるか」といったポイントが分かれば、ほとんどの場合は自分で外せます。こびりついている油汚れは、アルカリ性の洗剤で落としましょう。

換気扇の掃除は時間もかかりますし、洗剤にアルカリ度の高いものを使うので手肌も荒れてしまいます。湿度が高く汚れがゆるむ、春か夏の終わりに行うのがおすすめ。換気扇がきれいになっていれば、年末大掃除も気が楽になりますよ。

お掃除やる気スイッチ

気が高ぶっている時。
その勢いでひたすら
汚れを落としていると、
心もやがて落ち着きます。

はっきりいって簡単な作業ではありません。誰かと喧嘩したり仕事で頭にくることがあった時の「怒り」、逆にとてつもなくよいこと、幸運なことがあった時の「やった!!」という興奮。激しい感情を原動力にとりかかってみましょう。落ち着かない気持ちも、じっくりと汚れ落としの作業をしているうちに沈着し、整理できるようになるはずです。

換気扇を分解して ファン本体を取り出す

ネジの本数と場所に注意しながら、換気扇からシロッコファンを取り外します。外したネジは失くさないように小皿などに入れておきましょう（ネジがあるのは○で囲んだ部分）。ファン中央部の大きめネジは、ファンの回る方向と逆方向に締まる仕組みです。ファンを外す時は、右回しで外します。

換気扇の周囲の 汚れを拭き取る

換気扇の周囲は、ウエスにアルカリ電解水を付けて拭き取ります。かなりしつこい油汚れでもアルカリ電解水は高価絶大。面倒な二度拭きもいりません。

純粉石けんを ぬるま湯に溶かす

油汚れにはアルカリ！ということで、ファンの汚れ落としには純粉石けんを使います。油汚れに強いタイプのアルカリ性の台所用洗剤で代用してもOKです。ボウル1杯のぬるま湯におよそ2分の1カップの粉せっけんを溶かして泡立てます。

取り外したファンを 石けん水につけ置く

大きめのたらいなどに泡立てた石けん水を入れて、取り外したファン本体を30分～1時間ほどつけ置きます。その間、ファンを上下に動かしたり、石けんの泡を塗ったりして、こびりついた汚れがゆるむのを待ちます。

ファンの羽根を ブラシでこすり洗い

汚れがゆるみはじめたら、羽根の部分を1本ずつブラシでこすっていきます。ブラシは古歯ブラシのほか、シロッコファン掃除専用のブラシも便利です。こすり始めると水の色が黒くなり汚れが浮き出ているのを実感するでしょう。水が黒くなったら、新しい石けん水に作り替えて下さい。古いもので洗うと汚れが再付着してネトネトしてしまいます。

※石けん・アルカリ電解水はアルカリ性です。アルミ材質に使用すると変質することがあります。お使いの換気扇の材質をお確かめの上お試し下さい。

6

石けんで落ちない汚れには重曹をかける

石けんでも汚れが落ちない固まった汚れには、重曹を粉のまま振りかけてブラシでこすります。重曹もアルカリ性なので油汚れを吸収し、汚れを含んでポロポロ落としてくれます。

7

羽根以外の部分も丁寧にこすっていく

羽根以外の部分も、丁寧に歯ブラシを使ってこすります。こびりついていた油汚れが面白いようにポロポロと落ちてきます。最後にお湯できれいに洗い流しましょう。

8

フィルターやパーツ類はバスルームで洗浄

換気扇のフィルターやパーツ類はバスルームなど広いところへ持っていき、泡立てた石けんを塗ります。泡が油を含み、汚れが浮いてくるのでブラシでこすり洗いします。

9

洗い終わったら、フィルターやパーツ類も含め、しっかりと乾燥させます。乾ききると、シロッコファンが新品同様になりました。羽根部分を掃除前後で比べると、きれいになったことがよくわかります。最後に、換気扇にシロッコファンを元通りに設置し、換気扇が正常に運転するのか確認しましょう。

がんばりすぎない

ラクラク掃除メニュー

2 → 8

ファンの周囲の汚れを拭き取る

フィルターの洗浄・交換

換気扇の解体やファン本体の掃除は、無理にしなくても大丈夫。周囲をアルカリ電解水で拭き、前面パネルなど簡単に取り外せるところを石けんで洗い、フィルターを新しいものにするだけでスッキリします。本体は数年に一度、プロのお掃除屋さんにお任せするのもアリです。

Column

待ちに待っていた アルカリ電解水の登場

掃除の基礎を学ぶために受講した講座で、「プロが使う洗剤」として出会ったのがアルカリ電解水です。それまでアルカリ性の素材といえば石けん、重曹、セスキ炭酸ソーダが主なものだと思っていたのですが、アルカリ電解水を使用してみてその実力に驚きました。

アルカリ度をPHで示すと、重曹が8.2、セスキが9.8に対し、アルカリ電解水は12.5（中性がPH7）と数字の通り油汚れに対する効果は断トツです。水を電気分解して作っているので、界面活性剤不使用、成分も残らず二度拭きいらずと、使い勝手も最高です。けれど当時は取り扱い店が少なく、値段も高価で日常使いはできないものでした。

そして待ちに待った甲斐があり、数年前から安価なものが市場に出るようになりました。最近では100円ショップでも発売されており、さらに身近な洗剤になりました。家に電解水が１本あると掃除の幅が広がり、楽になります。市販品として発売してくださったメーカーさんには本当に感謝です。

汚れは熱いうちに打ち負かす
気が付いたらパパっと掃除

掃除

気づいたら掃除

キッチンはいつもピカピカにしておきたいのに、気を抜くと油汚れや食品の汁汚れですぐギトギトに。しっかり掃除時間をとって磨いても、調理するたびに汚れてしまってはやりきれません。しかも、油汚れを放置しておくと、冷えて固まり面倒な汚れへと成長してしまいます。

そこでぜひ習慣にしたいのが、調理しながらパパっとやる「気づいたら掃除」。汚れを見つけた時、「後でやろう」と思っていても、結局は忘れてしまうもの。そして忘れている間に、油汚れは酸化したり固まったりして、落とすのが大変になってしまいます。まだ汚れが温かく、ゆるんでいるうちのパパっと掃除なら、ほんの数秒の水拭き程度できれいになるんです！

お掃除やる気スイッチ

ちょっと面倒くさくても
今サッと拭いておくだけで、
明日やるよりずっとラクに
汚れを落とすことができるんです。

掃除は「先行投資」です。今、ほんの少し気を遣うだけで、ガンコ汚れになるのを防ぎ、後の掃除の手間ヒマを省けます。また、汚れに対してすぐに反応することは、掃除のトレーニングにもなります。繰り返しているうちに、「このレベルの汚れにはどのくらい洗剤量が必要か」など、洗剤の適量も自然と身に付いてきます。

炒め物をしたあとは温かいうちに掃除

油汚れをよく落とすアルカリ電解水は、炒め物をしたあとのコンロ周りを拭き掃除する時の必需品。スプレーしてウエスでサッと拭き取ります。油汚れは冷えて固まる前、汚れがゆるんだ時が掃除のチャンスです。

掃除グッズはキッチンの中に置いておく

調理中でもすぐにお掃除に入れるよう、キッチンの中にお掃除グッズを置いています。左手前端から、アルコールスプレー（消毒用エタノール）とアルカリ電解水の2つのスプレーボトル、酸素系漂白剤、重曹、粉石けん。

がんばりすぎない

ラクラク掃除メニュー

普段はもっと簡単に！

手拭きタオルを取り替えるついでにひと通り拭き掃除

キッチンにウエスか厚手のキッチンペーパーを設置しておきます。これを使えば汚れたフキンを洗ったり、雑巾を洗ったりする手間が省けます。１日の終わりには、キッチン用の手拭きタオルを取り替える前に、それでコンロ周りや冷蔵庫周りなどを拭き掃除。最後にシンクと水栓を拭き上げてから洗濯に回すとムダがありません。

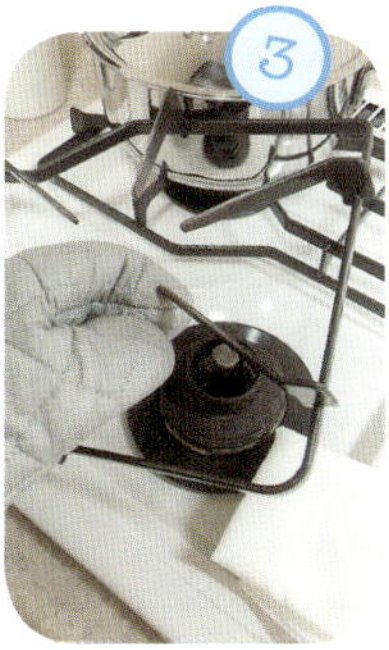

コンロの汚れも熱があるうちに

調理後、余熱がとれてから五徳をどかして拭き掃除します。熱くなった五徳をどかせるよう、ミトンもすぐに取り出せるような場所にぶら下げておきましょう。付いたばかりの油汚れは、洗剤いらずの水拭きでOKです。

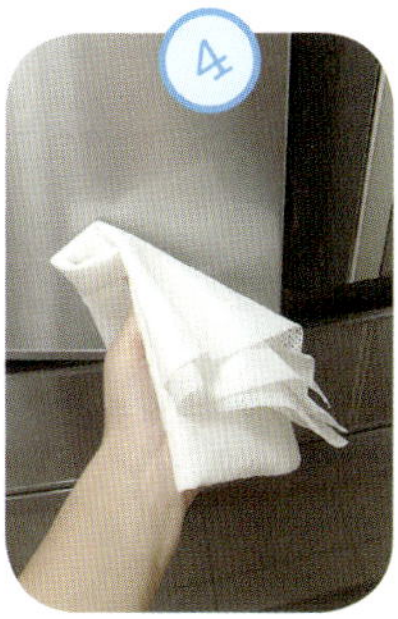

汚れた手で触る前にフキンでカバー

冷蔵庫の扉や調味料のフタなどは、調理中の油っぽい手で触るとすぐに汚れてしまいます。なるべく素手で触らず、キッチン用フキンを使って触るようにします。

こびりついた鍋の汚れは
重曹で撃退

お手入れ

鍋の汚れ落とし

重曹が使えるのは、お掃除だけではありません。油汚れに強いという特性は、鍋の汚れやコゲつきにも効果があります。

コゲついた鍋やフライパンは、こすらずに重曹のアルカリの力とお湯でキレイにしましょう。重曹は水に溶かして油を浮かせたり、粉のままで研磨剤としても使ったりと応用できるので、キッチンでとても重宝します。

必要になったらすぐに取り出せるよう、キッチンにひとつ重曹ボトルを置いておくといいですよ。私はいつも重曹をキロ単位の袋で買って、掃除用、キッチン用とボトルに小分けして使っています。

お掃除やる気スイッチ

ストレスがたまったら
ひたすら鍋磨き。
重曹でピカピカになり
気分までスッキリ！

ストレスがたまってきたら、強くこすっても大丈夫なステンレス鍋などを並べ、重曹やクレンザーをかけてひたすら洗い、磨きます。汚れと一緒に、今のモヤモヤした気持ちを落とすイメージです。そのまま無心でもくもくと、ひとりの世界に入って磨き続けてみて下さい。汚れたものが自分の手でピカピカに磨かれて光を取り戻す感覚……不思議とその光に癒されて、リフレッシュできるはずです。

しつこい油汚れには 重曹を振りかけてゴシゴシ

鍋のフタはコゲや油汚れがこびりつき、全体的にくすんでしまっています。重曹を粉のまま振りかけ、アクリルたわしでこすります。重曹の粉はクレンザーよりも粒子が細かいため、研磨効果も抜群。重曹の研磨力でピカピカになりました。ステンレスの鍋などを磨くのも、重曹が適しています。

落ちにくい調理器具のコゲ 重曹を入れて10分煮込む

コゲついてしまったフライパンに水を注ぎ、重曹を大さじ2〜3杯入れます。火にかけ10分ほど沸騰させると、だんだんコゲが浮いてきます。それだけで落ちない部分は、ヘラなどでやさしく底をこすってそのまましばらく放置すると、重曹のアルカリ力でコゲと油汚れがスッキリ落ちています。

がんばりすぎない

ラクラク掃除メニュー

普段はもっと簡単に！

軽めの油汚れなら アルカリ電解水＋雑巾で

簡単な油汚れなら、鍋やフライパンが温かいうちにアルカリ電解水を含んだ雑巾でこするだけでも落とせます。重曹を使用する時はスポンジやたわしより、アクリルたわしやマイクロファイバー雑巾の方が素材に密着するので効率よく磨くことができます。

※アルミ鍋に使用すると変色してしまうので、重曹の使用は避けて下さい。また、ほうろうの鍋やコーティングしてある製品は研磨すると傷が付くため、こすり洗いはしないようにして下さい。

リビング編

リビングの掃除はホコリとの闘い
拭き掃除の前に「片づけ」を心がけて

リビング掃除のメインは、ホコリとの闘いだと思います。ホコリを制すればリビング掃除を制したも同じ！です。

衣類、カーテン、ソファ、クッション、ラグマットなど、リビングを構成しているもののほとんどはホコリの巣窟です。テレビやパソコンの静電気にはホコリが喜んで寄ってきます。

リビングに粉雪が降ってきたと想像してみて下さい。美しく積もった雪がある場所、そこはまさにホコリが降り積もっている場所です！

しかし、ホコリは油汚れや水あかなどに比べると大した汚れではありません。テーブルや家具はマイクロファイバー雑巾の乾拭きと水拭きで十分、洗剤は特にいりません。床は掃除機とフローリングモップできれいになります。

ところがリビング掃除は簡単なはずなのに、物が散らかっていると、掃除の前に「片づけ」作業が入り、面倒になってしまいます。そのために「床に物を置かない」「テーブルや家具の上はすっきりしておく」など、「片づけ」もセットにするよう心がけておくと気持ちよくスーッと拭き掃除にとりかかれます。

難しいことだと思いますが、少しの心がけで拭き掃除が楽になります。ホコリが一日中降り積もっていることを想像すると、あちこち拭き掃除したくなってきませんか？

降り積もるホコリには
掃除機の前にまずモップ

掃除

床
（フローリング）

ハウスダストは一度舞い上がると、9時間かけて雪のように落ちてくるそうです。部屋でいきなり掃除機をかけると、吸い取りきれない細かなダストが排気で舞い上がることになります。

ホコリを減らす理想の手順は、フローリングモップをかけてハウスダストを拭き取り、取りきれなかった大きなゴミを掃除機で吸い取るかたち。私の場合、普段はフローリングモップをメイン、手軽に使えるハンディ掃除機をサブにしています。フローリング、畳、カーペットなどの素材に応じて掃除道具を使い分ければ、掃除機にこだわる必要はありません。むしろ重たい掃除機を引きずるより、気軽な便利グッズでこまめにホコリを取るほうが、結果的にきれいな床になります。

お掃除やる気スイッチ

何物にも代え難い家族の健康。
アレルギー源にもなる
床のホコリ、
退治するしかないでしょう？

アレルギーの原因にもなるハウスダストが漂った部屋が、健康にいいわけがありません。また、ホコリの中には菌やカビが存在するともいわれます。ホコリのたまった床の上で生活していたら、この先どんな症状を発症するか……。自分と家族の健康のために床掃除を！

1 毎日の床掃除

サブのハンディ掃除機で大きなゴミを。メインのフローリングモップでハウスダストを拭き取ります。

ハンディ掃除機で大きめのゴミをピンポイントで吸い取る

短時間で床掃除する時は、まずハンディ掃除機で髪の毛や大きなゴミを吸い取ります。部屋の四隅、洗面室など、ホコリがたまりそうな場所をピンポイントで狙いましょう。この作業を何度も行うと、我が家のどこがゴミがたまりやすいポイントなのか、汚れの「クセ」を知ることができます。

フローリングモップで部屋中を拭き取り掃除 汚れたシートは交換を

ハンディ掃除機をかけ終わったら、フローリングモップでハウスダストを拭き取ります。フローリングの木の流れに沿ってかけていくのがポイントです。シートは、汚れたらためらわずに新しいものに変えましょう。汚れたシートをずっと使っていると、汚れが再付着する原因になります。

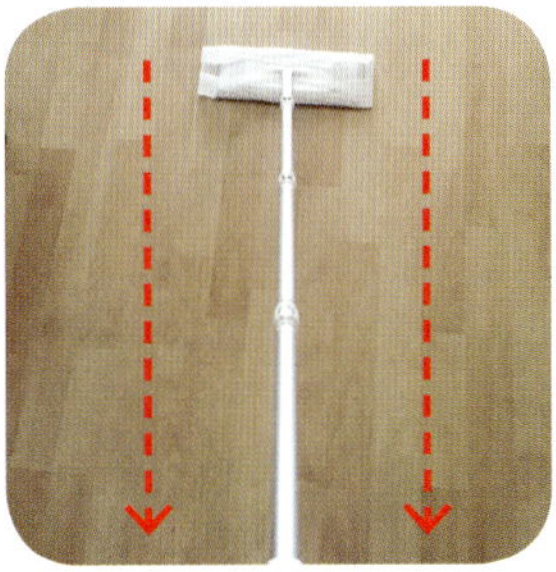

2 掃除機がけのコツ

毎日モップの後に掃除機をかけるのは大変。私の場合、掃除機をかけるのは週に2回まで。

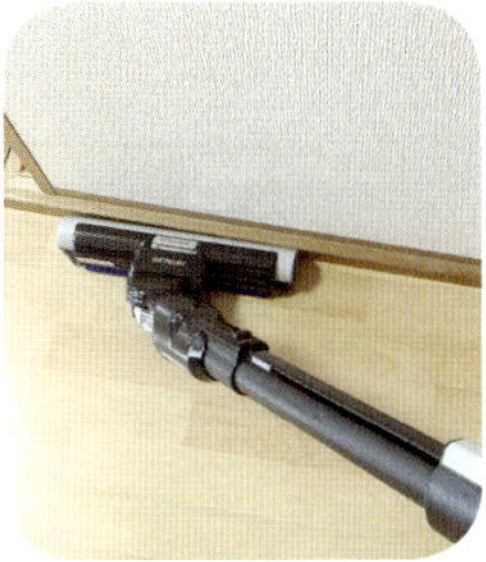

壁沿いのすき間にヘッドを沿わせる

床の端はゴミを吸い込みきれないことが多く、ホコリがたまりやすい場所。ヘッドを端まで動かして、しっかりゴミやホコリを吸い込みます。

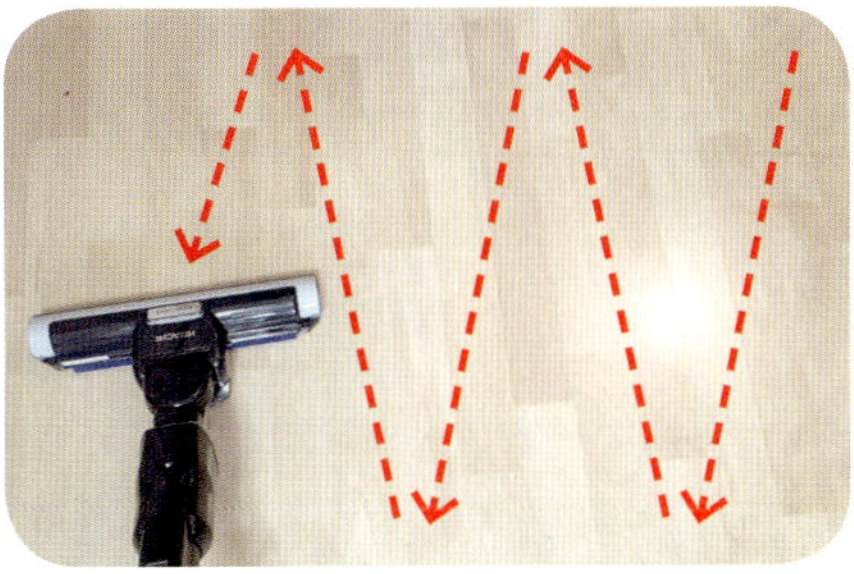

ヘッドをジグザグに動かして自分のほうに引き寄せる

掃除機は、自分のいる側に引き寄せたほうが吸引力が高まります。これを意識しながら、掃除したラインがある程度重複するように、ジグザグにかけていくのが基本。カーペットなど毛足のあるものは上下と左右の2方向から、和室は畳の目に沿って1方向にかけます。また、掃除機が紙パック式の場合、紙パックがいっぱいでなくても定期的に交換しましょう。そのほうが吸引力を保てます。

3 カーペットの掃除

フローリングモップがかけられないカーペット掃除では、お助け道具の出番です。

粘着クリーナー

カーペットには粘着クリーナー

カーペットなどモップがかけられないところは、粘着クリーナーを使えばゴミや髪の毛が取れます。また、毛が逆立つので毛並みがキレイに見えるようになるメリットも。

ラバーブラシ

ラバーブラシでゴミをかき出す

粘着クリーナーでも取りきれないゴミは、ラバーブラシをかけて取ります。中まで入り込んだゴミやペットの毛もかき出せます。掃除道具の章（P33）で紹介しましたが、私は「おそうじブラシ かきとーる」（アズマ工業）を愛用。

4 水回りの床掃除

かがみながら水拭きするのはひと苦労なので、ちょっと工夫。

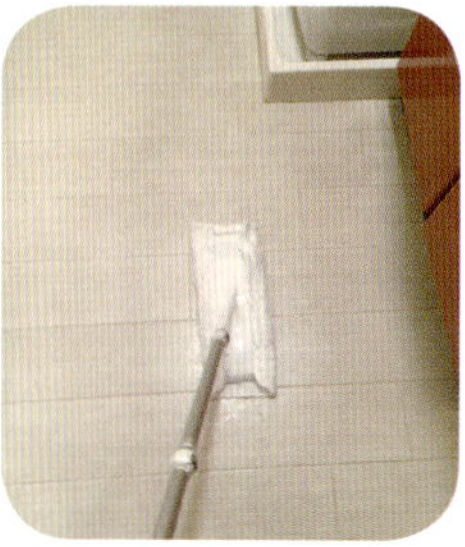

ベトつく床は水拭きで解消

キッチンの床や洗面所などのベトつく床は、水拭きで汚れを落とします。手軽なのは、シートの代わりに、フローリングモップに薄手のマイクロファイバー雑巾などを取り付ける方法。かがむことなく水拭きできます。

がんばりすぎない

ラクラク掃除メニュー

1

ハンディ掃除でのゴミ取りとフローリングモップがけ

部屋を片づけながら、カーテンを開けながら、テレビをチラ見しながらなど、“ながら”でよいので毎日こまめにモップがけを。これだけでかなり、掃除機の出番が減ります。モップがけの前に、目に見える大きいゴミをハンディ掃除機や粘着クリーナーで取り除いておくと、手間なく床がきれいになります。

視点を変えると見える汚れ
目線以外のお掃除ポイント

掃除

見えない汚れ

掃除の基本は「上から下にかけて」「部屋の奥から出口に向かって」というように順番が決まっています。しかし、このルール通りの掃除を心がけていても、普段からまめにお手入れする範囲はどうしても自分の目線の前後に向きがちです。

毎日掃除しているのに、最近どうもホコリが落ちているな？と思ったら、少し視点を変えてみましょう。注目したいのは、掃除の基本の「上」と「下」です。タンスの上や天井の照明器具、ドア下のレールや幅木（はばき）……見えない汚れが見えてきます。

お掃除やる気スイッチ

目をつぶって家の中に雪が降り積もっている様子を想像して下さい。でも、それがすべてホコリだったとしたら…。

家のあちこちにある凹凸に積もったホコリ。家具の上や照明器具のかさなど、普段目に入らない場所にこそたまりやすいものです。そこに風が吹いたらどうなるでしょう。舞い上がる吹雪のようなハウスダスト……目線以外の掃除も必要だと思わずにはいられません。

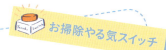

高所のホコリには まずハンディ掃除機

タンスの上や冷蔵庫の上。高所で面積が広いところにはホコリが積もっています。先にハンディ掃除機でホコリをあらかた吸い取ってから、濡らしたウエスで拭き取っていきます。

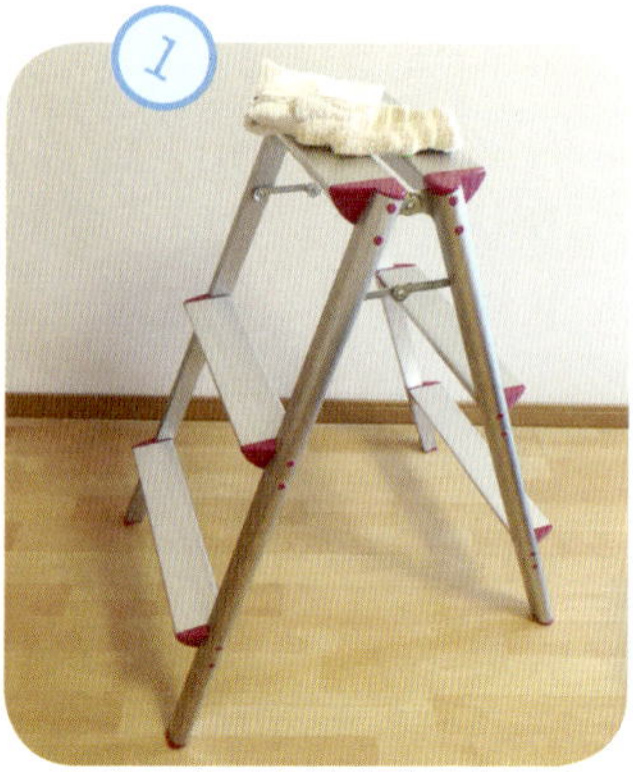

ホコリが 油を含んで ベトベトだったら

冷蔵庫の上のホコリは油を含んでベトベト。油とホコリ汚れに強いアルカリ電解水を含ませたウエスで拭き取れば、サッパリします。

脚立は高所掃除の 頼れる相棒です

ホコリは上から降ってきます。脚立を使って、普段の目線よりも「上」を見てみましょう。脚立は電球交換だけではなく、掃除の時も頼れる相棒です。しまい込まずにいつでも出動できるところに設置しておきましょう。

鴨居や障子の桟も 見逃せない掃除場所

建具の上や、鴨居、障子など、和室は特に凸凹が多く、細くて狭いところでもホコリはたまっています。細かい場所は、お掃除てぶくろで掃除すると楽です。

照明器具には お掃除てぶくろを

照明器具はスイッチを切り、冷えてから掃除します。複雑な形状のものはお掃除てぶくろが便利です。水拭きした場合は、しっかり乾拭きをして水気を取りましょう。

6

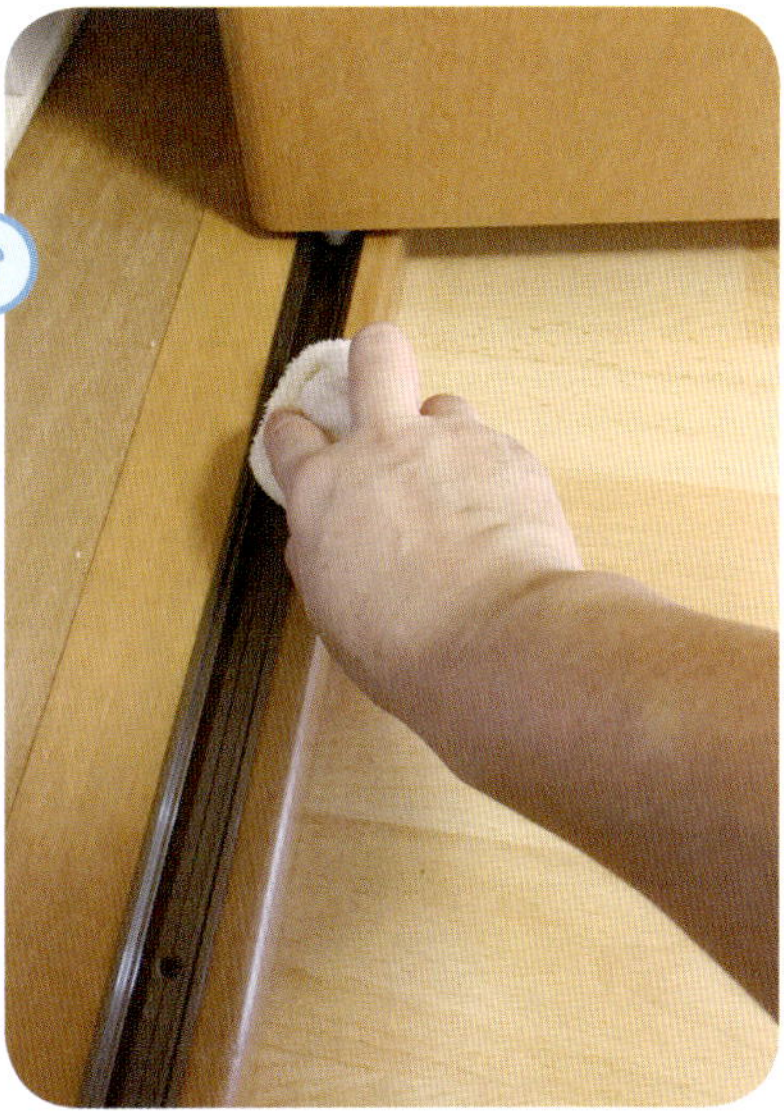

上が終わったら目線を足元へ 下のホコリも掃除

目線の「上」を掃除したら、脚立を降りて「下」、つまり足元も見てみましょう。イスなどの家具の足やドアの下のレールなど、静電気でホコリがこびりついています。マイクロファイバー雑巾やウエスで拭き取ります。

がんばりすぎない

ラクラク掃除メニュー

5 → 7

鴨居や障子の汚れを拭き取り

幅木の上のホコリを掃除

時間がない時は上の2点の掃除だけでいいですが、年に数回はまとめて全部きれいにしたいところです。私は年に2回、害虫駆除剤を設置するタイミングを決めていますが、低所に注目するこの時期を利用して、上と下も一気に掃除します。ウエスを数枚用意し、脚立を持って駆除剤を設置するついでにあちこち拭き掃除。一石二鳥の作業です。

7

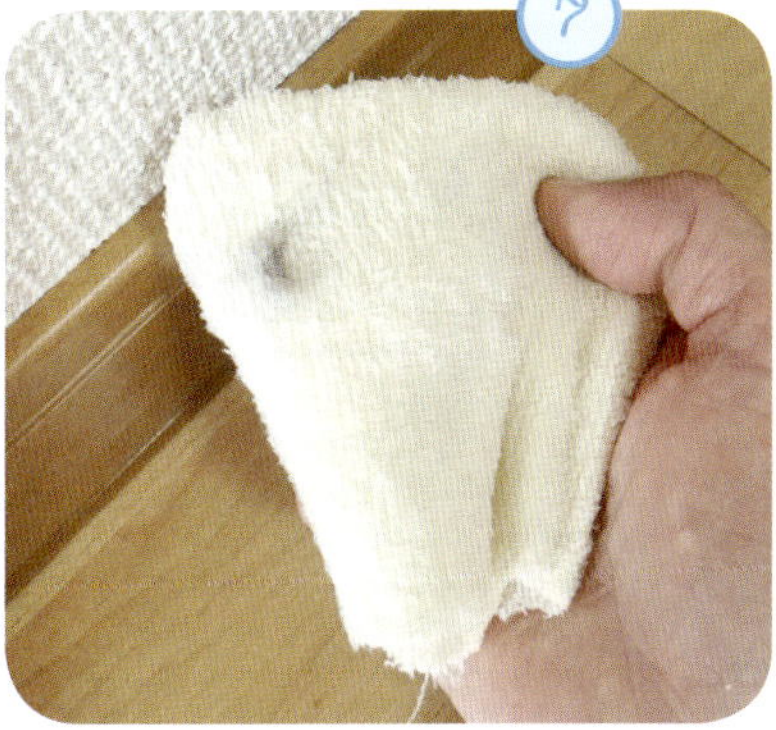

幅木にたまった汚れもできればこまめに

フローリングの幅木（床と壁の継ぎ目に貼られている板の部分）は、もっとも汚れがたまりやすいところ。掃除機をしっかりかけたつもりでも、ここにホコリがたまっているとあとから落ちてきます。布団からホコリが出る寝室、人がよく通る廊下の幅木は特に汚れやすいので、こまめに拭き取りましょう。

掃除

エアコン&空気清浄機

まずは取扱説明書
意外と簡単、恐れずチャレンジ！

せっかく掃除をしても、部屋の空気が汚れていては台無しです。気持ち良い空気を保つためにも、エアコンや空気清浄機の掃除はしっかりしたいですね。

最近の家電は本当に優れていて、ある程度家庭で分解してメンテナンスができます。私はトコトン掃除をしたいので、本体をできるところまで解体して丸洗いします。家電の掃除はやり方がわからないと回避しがちですが、恐れないで下さい。取扱説明書の「お手入れ方法」に図解つきで丁寧に説明されています。まずはトライして我が家の家電の仕組みを知れば、何度も繰り返すうちに手早くなり、ハードルも下がります。

ホコリが舞う掃除ですので、マスクをしっかり

お掃除やる気スイッチ

汚れたままだと
機能がダウン。
きれいな空気と
電気代節約のために
取りかかりましょう。

エアコンは汚れたままだと運転効率が下がり、電気代が余計にかかってしまいます。掃除することで電気代が安くなるのであれば、やらない理由はありません。きれいな空気と家計のために奮起しましょう。

してのぞんで下さい。エアコンも空気清浄機も、フィルター掃除はしっかりと、なるべく毎月するようにしましょう。電気代の節約にもなります。エアコンの分解掃除は年に1～2回でよいと思います。また、素人ができるのはフィルターやパネルの掃除までです。本格的な内部の掃除は、2～3年に一度のペースでプロの業者さんに依頼しましょう。

エアコン＆空気清浄機の基本の掃除

①

フィルターを外してホコリを吸い取る

フィルターが汚れていては意味がありません。エアコンも空気清浄機も月に一度は必ず掃除しましょう。まずはフィルターを取り外し、掃除機でおおまかなホコリを吸い取ります。

②

水洗可能なものはお風呂場で水洗い

丸洗いできるフィルターは、柔らかい掃除ブラシとシャワーでホコリを流すようにやさしく洗います。忙しい時でも、この作業をするだけでかなりきれいに。

すきまノズル

③

本体内部のホコリにはすきまノズル付き掃除機

家電の掃除には、掃除機に「すきまノズル」（P30）をセットしたものが便利。見えているのに普通の掃除機では届かない、排気口にたまったホコリも吸い取れます。

拭きにくいすき間はブラシ付きノズルで

空気清浄機で拭き掃除が難しいのは、本体内部のセンサーや蓋の裏側といった、凹凸がある部分。ブラシ付きのノズルでやさしく掃くように吸い取ります。これで、ほとんどのホコリは取り切れるはずです。汚れがひどい場合は、下に新聞紙など汚れてもよいものを敷いて下さい。

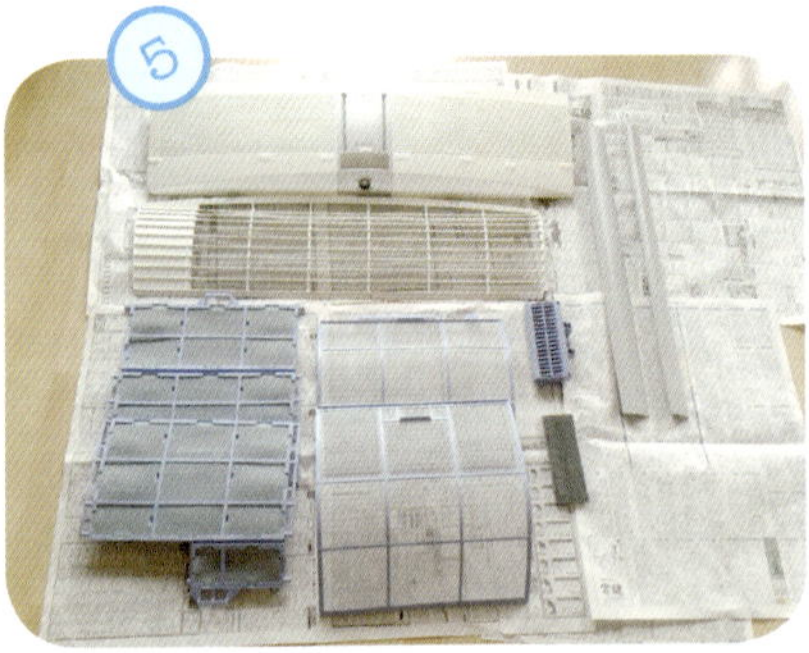

エアコンの分解掃除

取扱説明書を見て外せるものは外す

エアコン本体の掃除に取りかかります。エアコンは本体、各パーツ、フィルターと、ここまでは素人でも解体できます。無理に外してしまうと故障の原因になってしまうので、どこまで外せるかは取扱説明書で確認して下さい。掃除する前、電源を抜くことを忘れずに。

すき間に付いたホコリも水洗いでスッキリ

パーツやフィルターはお風呂場などで丸洗いします。乾いたホコリだけなので、勢いよく水を流し、やわらかいスポンジで水洗いすれば十分です。

本体はブラシ付きノズルでホコリ取り

エアコン内部は、掃除機にブラシ付きノズルを付けてホコリを吸い取ります。構造が複雑な部分があるので、掃除機メーカー推奨のノズルを使って下さい。

吹き出し口の汚れは濡れた布で拭き取り

吹き出し口は濡らして絞ったウエスで拭きます。カビのような黒い汚れで、真っ黒になっているはず。根気よく拭き取っていきましょう。

パーツの乾燥は風通しのよい場所で

洗ったパーツは変質しないよう、直射日光を避け日陰干しで乾燥させます。

パーツが乾いたら元通りに取り付ける

乾いたパーツをしっかり取り付け、フィルターを元通りにはめ込みます。水気がしっかり乾いているのを確認したら、コンセントを入れて試運転しましょう。空気もすっきりきれいに！

がんばりすぎない

ラクラク掃除メニュー

1	2	4
フィルターを外してホコリ取り	水洗可能なら丸洗いする	本体のホコリを掃除機で吸い取る

1にフィルター、2にフィルターです。パネルの解体掃除ができなくても、フィルターだけは定期的に取り外して掃除しましょう。エアコン本体の掃除は専門業者にお任せしたほうが中からキレイになります。

陰の功労者を丸洗いでスッキリ!

掃除

ゴミ箱

ゴミ箱の使い方に関する、面白い本を読んだことがあります。

「1日の終わりに、その日にあった嫌な出来事、嫌な気持ちをチラシの裏に思いきり書いて、くしゃくしゃに丸めてゴミ箱にポイ! 悩みも嫌な気持ちも、ゴミ箱の中に捨ててしまったのだからそこでおしまい。翌日まで引きずらない」

ゴミ箱を使ったストレス解消法ですね。ゴミだけではなく気持ちまで引き取ってくれる存在なのだと思うと、あらためてゴミ箱を見直す気持ちになります。

そんなゴミ箱。あえて掃除しようとは思わない地味な存在ですが、家の中では一番のホコリとゴミの巣窟です。足元にあるので人が歩くたびに出

お掃除やる気スイッチ

ゴミ箱がべたついていると
ゴミをまとめるのもひと苦労。
インテリアアイテムの
ひとつだと思ってきれいにして!

ゴミ出しの日。ゴミ箱にべたつき汚れが付着していると、ゴミをまとめるのにもひと苦労。痛いタイムロスになります。また、ゴミ箱は部屋のインテリアアイテムのひとつとであることも忘れずに。ゴミ箱がホコリで汚れていると、美しく整った部屋も台無しですよ。

るホコリがまとわりつくし、さまざまな種類のゴミを捨てるので当然臭いや汚れも付着しています。忘れずにしっかり掃除しておきたいお掃除ポイントです。

1

生ゴミ用ゴミ箱は石けんで丸洗い！消臭効果もあり

一番汚れているのは、キッチンの生ゴミ用ゴミ箱。お風呂場などに持っていき、石けんで丸洗いします。石けんのアルカリ性はこびりついた油汚れだけでなく、生ゴミの消臭にも効果があります。

2

リビングのゴミ箱は濡らしたウエスで汚れを拭き取る

リビングのゴミ箱にはホコリがたくさん付着しています。プラスチックなどの洗える素材は、石けんで丸洗いして大丈夫。しかしそれ以外の素材の場合、アルカリ性の石けんで洗うと塗装がはがれたり、変色・変質してしまう可能性が。掃除機でホコリを吸い取り、水に濡らして固く絞ったウエスで拭き掃除します。

がんばりすぎない

ラクラク掃除メニュー

2

外側と中をウエスで拭き掃除

丸洗いできなかったり、時間がない場合はウエスで外側と中を拭き掃除します。内部にたまった細かいゴミは、掃除機で吸引するほか、ガムテープで取り除く方法もあります。中途半端にあまったポケットティッシュを利用して、サッと拭き掃除をしてもよいでしょう。

3

洗ったゴミ箱は新聞紙を敷いて風通しよく乾かす

洗ったゴミ箱は、日陰干しをしてよく風を通して乾かします。ゴミ箱の底に直接汚れが付着しないように、新聞紙を敷いて使うと便利です。新聞紙には消臭と除湿効果もあります。

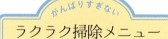

お酢の力でサッパリ

お手入れ

和室（畳）

どんなにステキなフローリングのリビングがあっても、和室は特別。畳に横たわって、風に乗ってくるい草の香りをかぐと落ち着きます。

そんな和室の畳掃除は、フローリングのようにワックスをかけたり、洗剤で水拭きしたりすることができません。

日頃のお手入れならフローリングモップのドライシートをかけるか、掃除機をかける程度でいいのですが、直接ごろっと寝転ぶことを考えると定期的にスペシャルケアをしたいところです。

スペシャルな畳掃除に使うのは「酢水」。お酢で拭くとい草の汚れが防止でき、中に入り込んだカビの除菌にもなります。少しお酢の匂いが気になるかもしれませんが、拭いているうちに消えて

お掃除やる気スイッチ

和室はゴロ寝に最高の空間。
ホコリの上に寝るのはイヤ！
清潔な畳のほうが、
断然気持ちいいですよ！

ひと休みしたくなったら、畳の上にごろり！　とても気持ちのいい時間ですよね。でも、畳の目の間には、掃除機では吸い取り切れない汚れがたまっています。気持ちよくゴロ寝するためにも、拭き掃除をがんばりましょう。雑巾をしっかり使う和室の拭き掃除は大変ですが、家を大事にしているという気持ちになれます。

いきます。水気が残らないよう、しっかり乾拭きしながら拭き掃除していきましょう。

和室には、洋室にはない出っ張りや凹凸がたくさんあります。鴨居や障子の桟（さん）、ふすまのレール……ホコリがたまりやすいポイントを拭き掃除することも忘れずに。

モップや掃除機は畳の目に沿ってかけるのが基本の「き」

畳の日頃のお手入れは、フローリング掃除と同じです。フローリングモップも掃除機も、畳の目に沿ってやさしくかけましょう。

特別な手入れには薄めた酢水を使う

スペシャルケアに使うのは「酢水」。バケツに、水で5〜10倍程度に薄めた酢水を用意します。お酢は穀物酢を使用して下さい。重曹は天然繊維を使った畳に使用すると痛んでしまうので、避けましょう。

雑巾は酢水用と乾拭き用色違いにして2枚用意

酢水用の雑巾と、乾拭き用の雑巾とで2枚用意します。どちらがどちらなのか見て分かりやすいよう、違う色にするのがおすすめです。今回は酢水用を白、乾拭き用を青にしています。

畳の目に沿って酢水雑巾がけをしっかりと

バケツの酢水に浸して絞った雑巾（白）で、畳の目に沿って拭いていきます。拭いたらすぐに乾拭き用雑巾（青）で拭き取ります。畳は水気を嫌うので、「すぐに乾拭き」がポイントです。

4

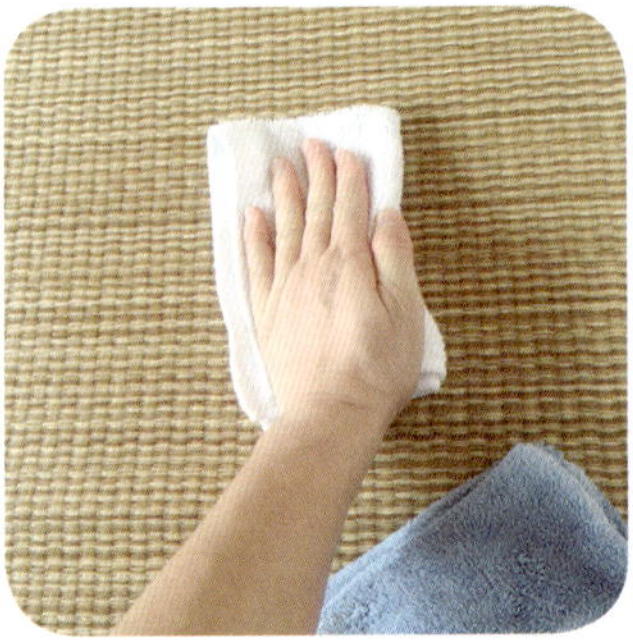

6

5

障子の桟や鴨居、ふすまのレールも忘れずきれいに

障子の桟や鴨居など、細かな凹凸があるのも和室の特徴です。たまに拭き掃除しておきましょう。また、障子やふすまのレール部分は輪ゴムを挟んで少し動かすと、奥に挟まっていた綿ボコリがからんでボロボロ出てきます。

風を通して畳をしっかり乾燥させる

普段からまめに掃除機をかけていても、雑巾で一畳分ほど拭くとこんなに真っ黒です。拭いてよかったと思いますよね。すべて拭いたら、窓を開けて風を通しよく乾かしましょう。

がんばりすぎない

ラクラク掃除メニュー

1 → 6

1 畳の目に沿って掃除機がけ

6 障子の桟や鴨居細かな凹凸掃除

掃除機で畳表面のゴミを吸い取ったあと、市販の畳専用のウェットシートをセットしたフローリングモップで拭き掃除をします。通常のフローリング用のものと違い、畳用の洗剤配合なので汚れや除菌もできます。

※畳替えしたばかりの新しいい草には、お酢掃除はしないで下さい。変色の原因になることがあります。

Column

クエン酸と食酢は「似ていないふたご」

トイレ掃除や水回りに有効な酸性の洗剤といえば、クエン酸と食酢（お酢）。この２つには、それぞれ異なる特徴があります。

クエン酸はほぼ無臭（少しホコリっぽい原料臭がします）なのに対して、食酢は特有のツンとした匂いがします。またクエン酸は、食酢よりも少量で掃除用スプレーを作ることができ、より低コストです。

一方で、クエン酸は成分が残留して白浮きすることがあるのに対し、食酢は揮発するので二度拭きがいらず、匂いもなくなります。クエン酸で床を拭いたあと拭き取らないとベタベタしますが、食酢スプレーは匂いとともにきれいに揮発してしまいます。

クエン酸と食酢、同じ酸性なのに一長一短がありおもしろいなと思います。まさに「似ていないふたご」です。

私は、お酢スプレーは二度拭きを省略できるトイレ掃除や水回りに使用。残留成分が気になるクエン酸スプレーは、掃除後に水で流せる洗面ボウルやお風呂掃除に使っています。この酸性の力を持つふたごの性格をよく知って、特徴を活かした使い分けをするのも、お掃除の楽しさのひとつです。

水回り編

水あか、カビ、ホコリ、さまざまな汚れが組み合わさる水回りは事前対策が大切！

水回りの掃除は、さまざまな汚れが複雑に組み合わさっています。水あかはもちろん、強敵のカビ。また、ホコリ汚れも集中しています。洗面室などでは洗濯物やタオルから出るホコリが狭い空間で舞い上がり、四隅や洗濯機の周りなどに吹きたまります。一番煩わしいのは髪の毛です。何度掃除をしても気が付くとあちこちに落ちています。髪の毛は自分のＤＮＡを含む分身のはずなのに、抜け落ちた途端に不潔なものに見えてしまうのはなぜでしょう？　むしろ自分の分身の抜け殻だからこそ、汚らしく落ちているのが許せないのかもしれませんね。

そんな水回りには、「クエン酸」や「お酢」などの酸性のものが役立ちます。固くなってしまったカルキ汚れにはパックをして汚れを浮かせてみたり、それでもひどい場合は耐水ペーパーで削らなければならなかったり、少々手間がかかる作業も入ってきます。強敵のカビ汚れは根が深く、何度も強力なカビ除去剤を使わなければならないこともあります。

ホコリや髪の毛は一般的な掃除でケアできるとしても、しつこい水あかやカビ汚れは手遅れになるほど掃除の作業が面倒になってきます。汚れのメカニズムや原因をしっかり知って、事前対策することが大切です。

ホコリ・水あか・毛髪
3大汚れとの闘い

掃除

洗面室

洗面室に付く代表的な汚れは3種類。洗濯や脱衣する際に服から出る「ホコリ」、洗面台にこびりつく「水あか」、あちこちに落ちている人の「毛髪」です。

狭い空間で洗濯や脱衣をするため、洗面室には舞い上がったホコリがおのずと集まります。また、手洗いや洗顔した洗面台は、時に床まで水でびちゃびちゃに。石けんのカスや水道水の成分が残り、カビや水あかの原因になります。毛髪は、お風呂上りのドライヤーや洗面台でのヘアケアをしている間にどうしても抜けてしまいます。それが、洗面台から床まであちこちに落ちています。

しかもこの汚れ、朝に落としたつもりでも、手洗いやヘアケアを数回すれば、あっという間に掃

お掃除やる気スイッチ

洗面室が汚いままだと
メイク上手にできません。
洗面室は美しいほうが、
必ず自分もきれいになれます。

洗面室でヘアケアやメイクをする人は多いはず。ですが、洗面台の鏡が汚れていては、髪の毛や肌のコンディションもよくわかりません。化粧瓶がベタついていては、手が汚れてメイクに集中できないでしょう。美しい洗面室を目指すのは、自分の「美」のためなのです！

除前の状態に戻ってしまうから困りもの。洗面室の掃除は、3つの汚れをいかに落とすかとともに、いかに汚れを少なくするかが肝心です。気が付いた時にササッと掃除しておくと汚れがたまらず、負担を減らすことにつながります。

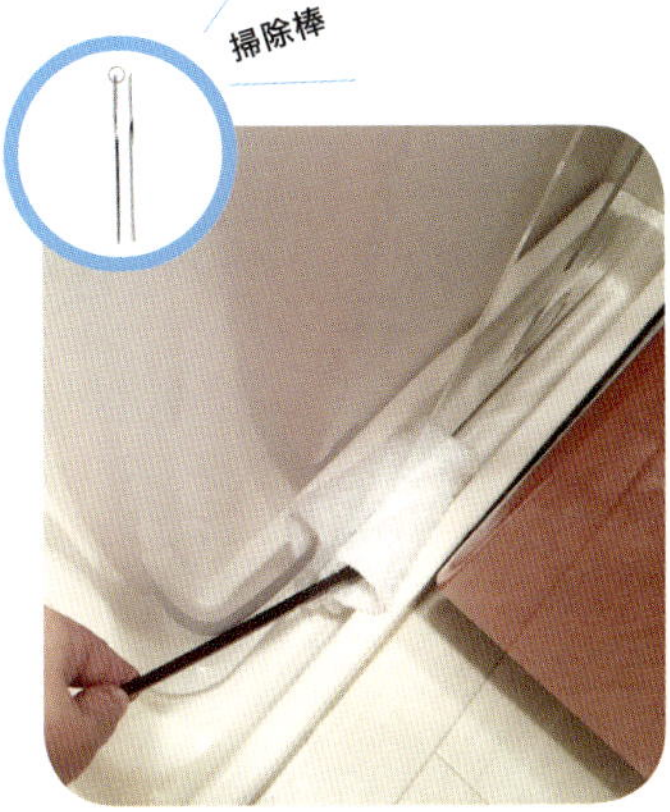

雑巾でホコリの拭き掃除 洗濯機周りもしっかり！

脱衣した時に出るホコリは、あちこちにたまっています。棚やドアはもちろん、洗濯機周りも拭き掃除しておきたいポイント。水栓や洗濯機のフタ、電気コードも見逃せません。雑巾できちんと拭き掃除します。防水パンなど手が届かない場所は、掃除機に細口ノズルを付けたり、長めの掃除棒を使うと便利です。

瓶やチューブも水で丸洗い 水気は拭き取って

クリームの付いた手で触るので、化粧瓶や整髪料のチューブもベタベタしています。水でよく洗ってから清潔なタオルで拭き取りましょう。

洗面台周りの小物も汚れがち ボウルの中でまとめて水洗い！

ボトルや小物入れなど、洗面台周りに置いてあるさまざまな小物も、ホコリや水あかで汚れています。洗面ボウルの中に集めて水洗いするとサッパリします。忙しい時は、底を水拭きするだけでも違います。

空にした収納棚にお酢をスプレーきれいに拭き取る

洗うために小物類を取り出したら、空になった棚や洗面台周りを掃除します。水回りの汚れ落としや殺菌効果のあるお酢スプレー（穀物酢と水1：1で作ったもの）を吹き付け、スポンジなどで拭き掃除。最後に、マイクロファイバー雑巾できれいに拭き取ります。

スクリューブラシでゴミ受けの汚れをかき出す

普通のブラシでは届かない、ヘアキャッチャー（ゴミ受け）の細かい網にはスクリューブラシを入れ込んでゴシゴシ。からんだ髪の毛や汚れもしっかり取り除けます。

スクリュー型のブラシをサイズ違いで揃えて

洗面台掃除用に揃えておくと便利なのが、スクリュー型になっているブラシ。急須ブラシ、アイブロウブラシ、歯間ブラシなど、ぐるっと360度にブラシがついていれば、身近なものを掃除用に流用することもできます。

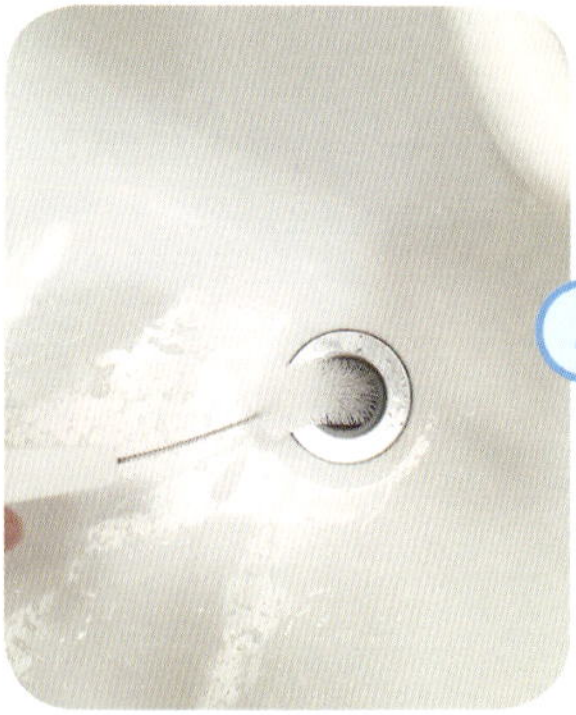

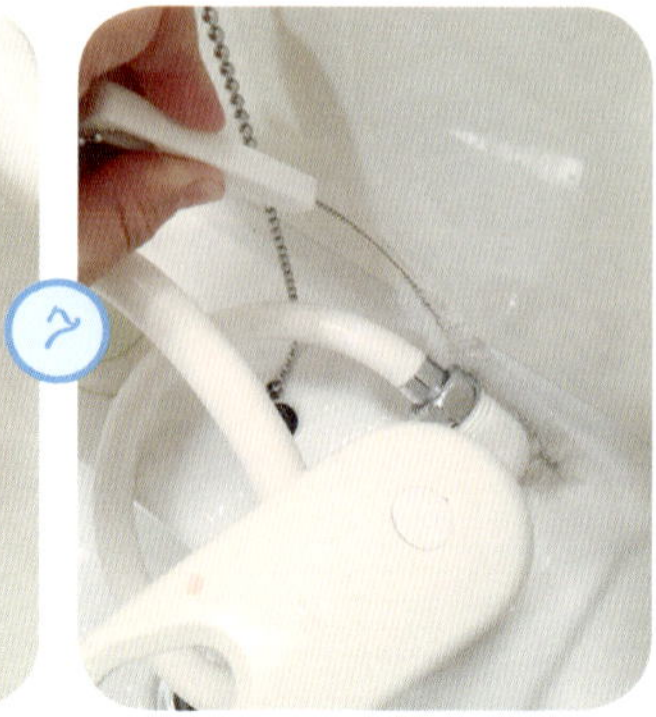

水栓の裏側や排水口もスクリューブラシでこする

急須ブラシは柔らかいワイヤーでできているので、水栓の裏側まで届きます。すき間から奥に入り込み、広い範囲を磨けるので、排水口の掃除にも便利。お酢スプレーをかけて、ブラシで上下左右をまんべんなくこすりましょう。

※お酢の酸性は金属類を変質させてしまうことがあります。金属のものがある洗面台は、水で流すかよく拭き取るように徹底して下さい。

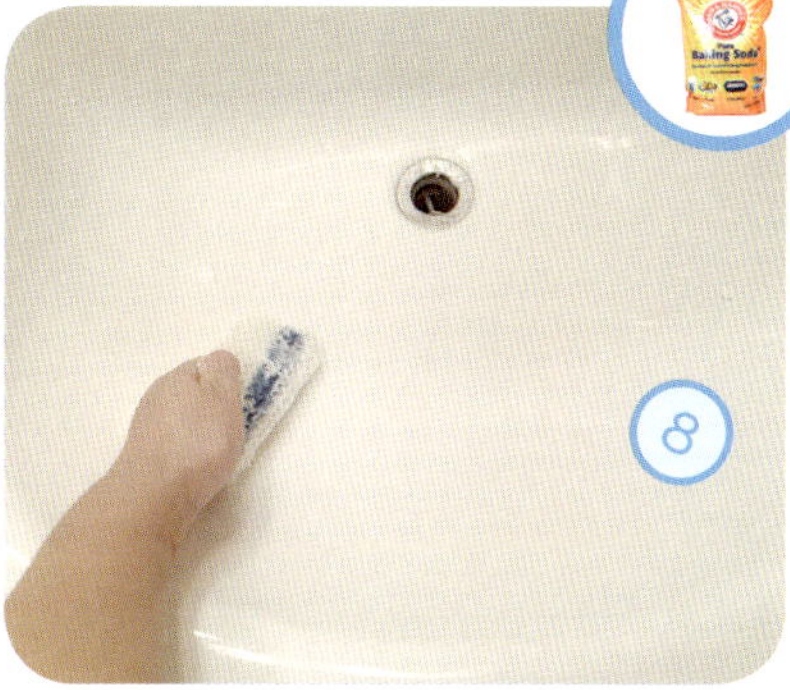

洗面台はアクリルたわしと重曹でやさしく磨く

洗面台には重曹を振りかけて、アクリルたわしでこすります。仕上げに、お酢スプレーをしてから流しましょう。

最後に洗剤を洗い流して拭き取ればピカピカ！

洗面台周りに残っている酢水などをきれいに流し、拭き上げたら清潔な洗面台になりました！いつもこの状態をキープしたいですね。

がんばりすぎない

ラクラク掃除メニュー

普段はもっと簡単に！

洗濯前のタオルで“ついで”に掃除

今回紹介した掃除方法は、洗面室をしっかりと掃除する場合。毎日の掃除方法として、もっと簡単なやり方もあります。使うのは、洗濯前のタオル。まず洗濯機周りや洗面台を拭き、乾いた部分で鏡と水栓を磨きます。最後にハンドソープで洗面ボウルを手で軽く磨き、タオルで拭き取ってから洗濯機へ。これだけで、洗面台の“きれい”が長く保てるようになります。よく落ちる髪の毛は、粘着クリーナーやガムテープで対応します。

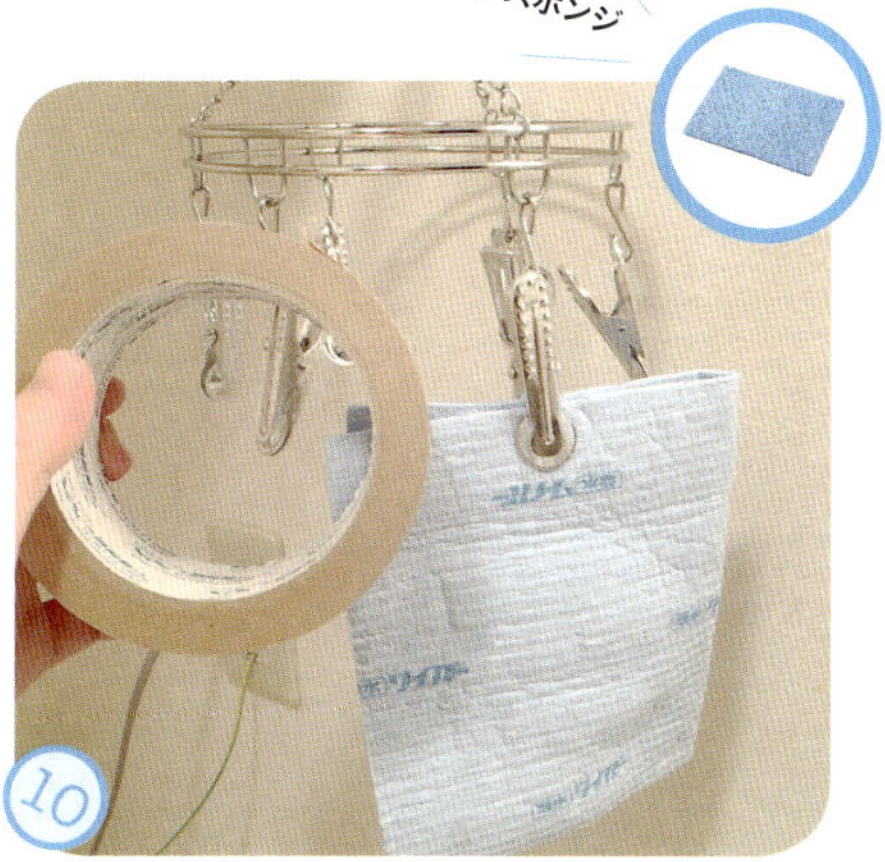

掃除道具を近くに置いて気づいた時にちょい掃除

掃除後の状態をキープするために、ガムテープと吸水性のよいセルロース製スポンジを常備しておくと便利です。ガムテープは洗面台やあちこちに落ちた毛髪をくっつけて取れます。また、洗面台を使って水しぶきが飛んだら、吸水スポンジで拭くクセをつけると水あか汚れを減らせます。

石けんの泡で
楽しくピカピカに

掃除

お風呂場

お風呂掃除は夏は蒸し暑く、冬は寒いとあって、掃除の中でも苦手という方が多いかもしれません。私は石けんで作ったモコモコの泡を使って、逆にお楽しみタイムにしています。この掃除スタイルなら、お風呂場はシャボンだらけになって楽しくなります！　無添加の純粉石けんを使用するので素手でも安心ですし、顔についてもおかまいなし（肌の弱い方は気を付けて下さい）。泡だらけのお風呂場であちこち掃除するのはよい運動、ストレス発散にもなります。

お風呂場のお手入れで特に意識したいのはカビ対策です。カビの生える条件は3つ、「温度20～30度」「湿度70～90%」「栄養分（あか、石けんカス）」。これらが揃うと発生するといわれています

お掃除やる気スイッチ

「最近、運動不足かも…」
と思った時こそお風呂掃除。
泡だらけで楽しく運動できて
お風呂まできれいになるんです。

お風呂掃除＝運動と考えて、濡れてもよい服装で思いっきり動きましょう。長距離を走ったりするよりもお手軽。背伸びしたりかがんだり、日頃の運動不足を解消できます！　石けんを使って泡だらけになることで、遊び心もプラス。運動と泡をエンジョイ！です。

が、お風呂場の環境はまさにこの条件にピッタリ。掃除に加えて、カビ予防もぜひしておきましょう。

バケツで純粉石けんを溶かして泡を作る

まずは泡作り。バケツ3分の1くらいのお湯に、小さじ5杯程度の純粉石けんを溶かします。手でぱしゃぱしゃと撹拌すれば、大量の泡が発生。その泡を浴槽や床、洗面器などあちこちに塗りたくります。

アクリルたわしで泡をすくって浴槽や小物をこする

たっぷりの泡をアクリルたわしにのせて、浴槽をこすっていきます。たらいなどの小物や面積の狭い場所もアクリルたわしで。アクリルたわしは薄いので、水栓の裏側や細かい部分も効率よく磨けます。

溝を意識しながら泡で床を磨く

床は泡まみれにして、バスブラシでこすります。お風呂場の床には細かな凹凸や排水のための溝が入っているので、その溝を意識してこするようにして下さい。

排水口もそのまま泡でゴシゴシ洗い

イヤな排水口の掃除ですが、泡の力でヌメヌメも臭いもきれいサッパリ落とせます。アクリルたわしを使いましょう。

水あかにはお酢スプレーでスペシャルケア

日頃のお手入れは、石けんの泡掃除で十分ですが、ときどきはスペシャルケアを。水回りの代表的な汚れである、水あかと石けんカスにはお酢が効きます。ドアや鏡、カベに付いた水あかにお酢スプレー（水と穀物酢を１：１で割ったもの）をかけ、しばらく置いてからこするとピカピカになります。

狭い場所は両面ブラシ力加減が大切

バスブラシで届かない狭い場所や奥まったところは、両面ブラシでこすります。柄の両端に毛の硬さの異なるブラシが付いていて、ドアの凹凸や排水口周りでは、ハードとソフトを使い分けられます。こする時には、力を入れすぎると毛先が寝てしまうので注意。力を入れすぎないほうが、毛先が立って効率よく汚れを落とせます。

網目掃除には急須ブラシを

排水口のヘアキャッチャー（ゴミ受け）は、細かい網目がきれいにならずイライラします。これもお酢スプレーをかけて急須ブラシでこすれば、ストレスなく黒ずんだ汚れが取れます。

水栓のカルキ汚れはパックでスッキリ！

カルキ汚れで真っ白になった水栓は、キッチンペーパーとお酢スプレーでパックします。30分ほど放置してからアクリルたわしでこすり、水で流すとご覧のようにピカピカに！

石けんカスもしっかり落とす

風呂イスや洗面器にしつこくこびりつく石けんカスには、お酢スプレーをかけて、アクリルたわしでこすります。たわしに真っ白いカスが付くくらい、よく落ちます。

※お酢は金属を変質させてしまうことがあるので、長時間放置しすぎないようにしましょう。お酢を使用後は、必ず水で洗い流して下さい。

入浴後の水切りが カビ対策になる

掃除と同時に気を配りたいお風呂場のカビ対策。スクイージーを1本、お風呂場に設置しておきます。入浴後にカベや床の水をサッと切るだけで、湿度と温度が下がり、カビが発生しにくくなります。

新築のようにピカピカ キレイな浴室が復活！

掃除が終わり水気をきれいに拭き上げると、まるで新築のバスルームのよう！　自己満足に浸れる一瞬です。

がんばりすぎない

ラクラク掃除メニュー

普段はもっと簡単に！

入浴の流れで “ついで”洗い

ここで紹介したのは、しっかりお風呂掃除する時の基本。普段は、入浴の流れに合わせてサッとやっておくのがおすすめです。お風呂のお湯を取り替える合間に、ササッとスポンジで浴槽をこすり洗い。入浴している最中に、ボディソープなどで洗面器や風呂イス、排水口やヘアキャッチャーなどの小物も一緒に“ついで”洗い。入浴後はスクイージーで水気を切るのを習慣にしましょう。時間はほとんどかかりません。

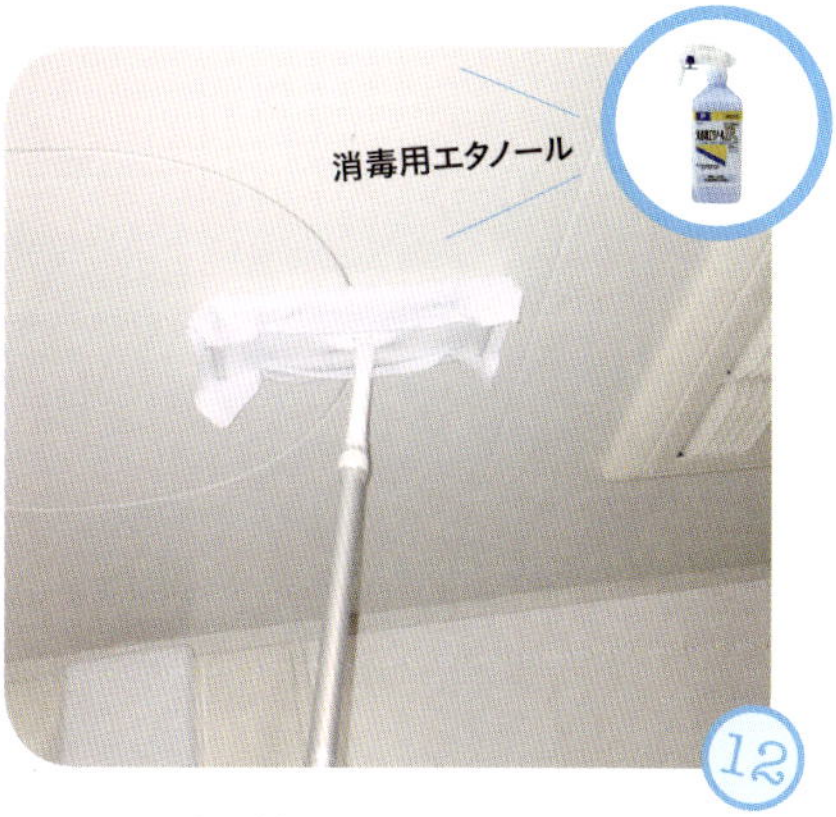

カビの根絶 そのカギは天井にあり

カビが発生すると、胞子が舞い上がりお風呂場の天井に張り付きます。このため、いくらカビ取り剤で掃除しても、またカビが生えてきてしまうのです。月に1回程度は消毒用エタノールを含ませた布で天井を拭き、カビの胞子を殺菌掃除しましょう。フローリングモップを使えば楽にできます。

掃除

酸性と中性
二刀流で効果的な掃除

トイレ

大人になってから、床にひざまずいて何かをすることはなくなったような気がします。頭を下げ、ひざまずいてトイレ掃除をする時、私はなぜかとても謙虚な気持ちになります。自分を省みたり、思案を巡らせたりしてしまいます。姿勢がそうさせるのか、本当に「トイレの神様」がいるからなのかわかりませんが、私にとってトイレ掃除は自分と向き合える神聖な掃除です。

さて、トイレ掃除に有効なのは、尿や水あかの汚れや臭いに強い、酸性の「お酢」です。本来ならお酢スプレー1本でシンプルに掃除したいところですが、最近のトイレは温水洗浄機付きのものや、汚れが付きにくい特殊プラスチック製の便座がほとんど。こうした特殊な素材は、お酢の酸性

お掃除やる気スイッチ

ひとり、黙々と手を動かす
トイレ掃除は
自分と向き合える時間。
ヒーリングタイムです。

トイレはひとりで静かに過ごせる空間。その掃除は、自分と向き合う時間だと思いましょう。「無」になって作業をし、汚れたトイレがきれいになるのと同時に自分の心もスッキリ。トイレ掃除は心が落ち着くヒーリングタイムです。

に負けてしまうことがあるので使用できません。そのため、場所に合わせて、お酢スプレーと中性のトイレ用洗剤を使い分けます。「トイレ掃除は二刀流」でいきましょう。

酸性のお酢と中性洗剤 2本の洗剤を用意

穀物酢と水を1：1で混ぜたお酢スプレーと、中性の「トイレマジックリン」（花王）を使い分けます。「トイレマジックリン」は市販品の中でも、注意書きに「温水洗浄便座に使えます」と表記された製品なので選んでいます。同様の表記があれば、別の製品でも安心して使えます。

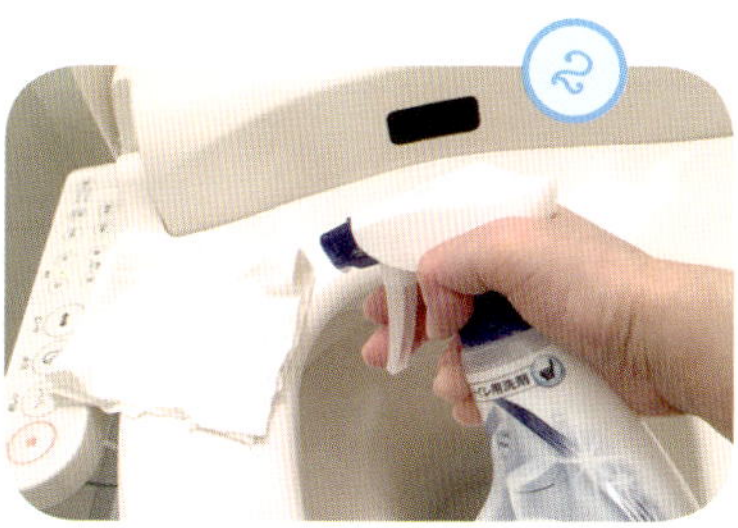

汚れの少ない場所から拭く

トイレ掃除の拭き掃除には、使い捨てできるウエスがおすすめです。まずはドアノブ、トイレのレバー、便座と、汚れ度が低いところからウエスと「トイレマジックリン」で拭いていきます。

トイレの陶器はお酢スプレーが効く

トイレタンクなど陶器の部分はお酢スプレーで拭き掃除。ここは、お酢がもっとも本領を発揮する場所で、尿の汚れと臭いにてきめんに効きます。

ノズルを出して汚れを拭き取る

温水洗浄機を操作し、ノズルが出た状態に固定できる「ノズル掃除モード」に変更。ウエスにトイレマジックリンを吹き付けてノズルの汚れを拭き、別のウエスで成分を拭き取ります。

重曹

便器の中はお酢＋重曹

便器の縁や裏側は汚れが多い場所。便器に重曹を振り入れ、上からお酢スプレーをかけて発泡させながらトイレブラシでこすり洗いします。

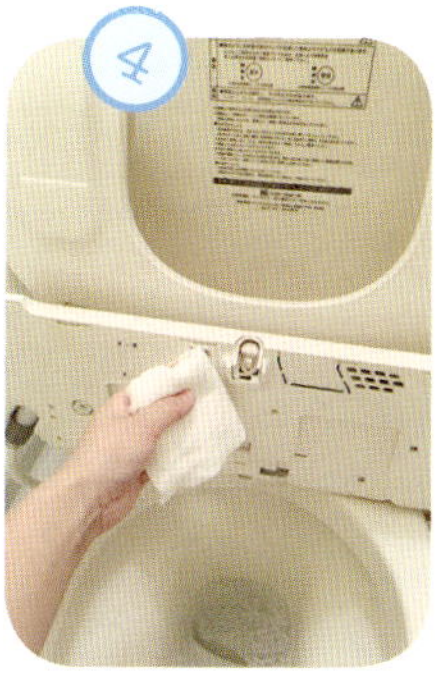

便座の裏側も中性洗剤で拭き掃除

温水洗浄機の便座を外した裏側の掃除は、見落としやすいポイント。意外と知られていないのですが、取り外しボタンを押してスライドさせると簡単にひっくり返ります。ここも「トイレマジックリン」で拭き掃除します。

芳香剤代わりにも！仕上げにスタンプ

掃除の仕上げに「トイレスタンプクリーナー」（ジョンソン）を押しておくと、水を流すたびに便座内部を洗浄し、汚れが付きにくくなります。香りも付いていて、芳香剤の代わりにもなります。

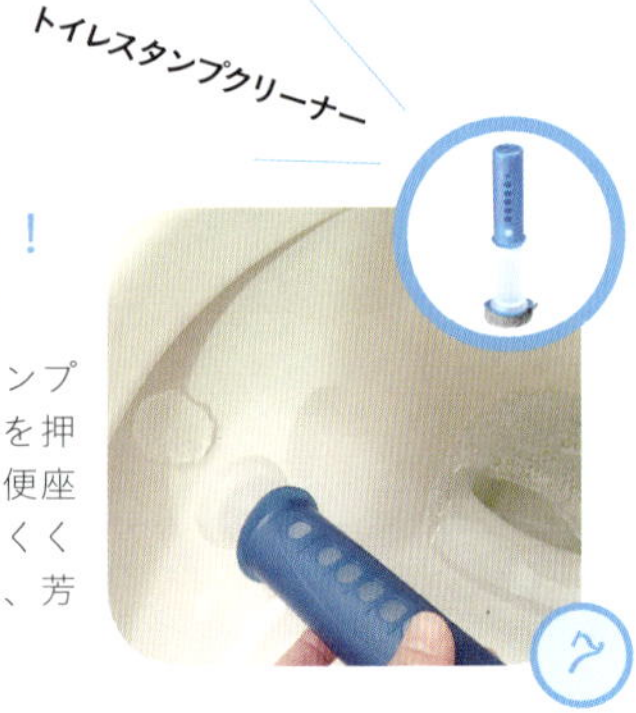

サボったリングはお酢スプレーで湿布

「サボったリング」と呼ばれる、便器の内部やタンクに付きやすいリング状の水あか汚れ。こすっても落ちない時は、キッチンペーパーとお酢スプレーで1時間ほど“湿布”します。水あかやカルキ汚れを浮かせたら、ブラシなどでこすり洗い。その際、水栓などの金属部分をラップで覆うなど、直接お酢がかからないようにして下さい。劣化の原因になります。

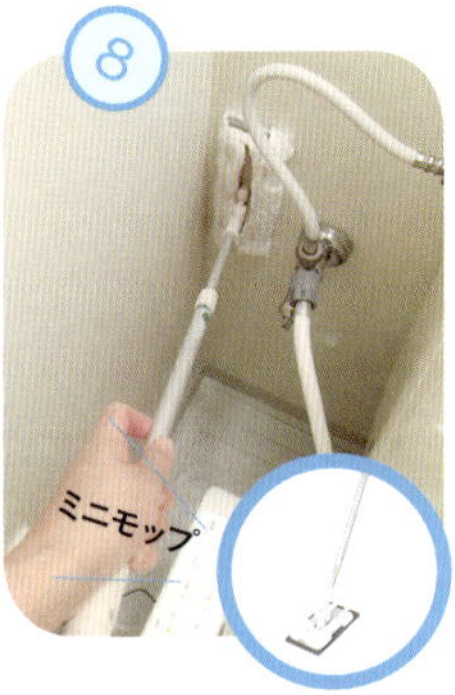

床だけでなく壁の汚れも拭く

トイレの床はもちろん、カベにも飛び散った汚れがあります。お酢スプレーとウエスで拭き掃除すると、臭い防止に。腰から下部分は床掃除と同じ頻度で拭き掃除しましょう。トイレタンクの奥など拭き掃除がしにくい場所は、ミニサイズのモップを使用すると楽です。

こびりつき汚れを落とす最後の手段

こびりついた汚れが残ってしまう場合は、最後の手段。「ダイヤモンドパフ」などの、研磨材付きのスポンジでこすり落とすとキレイになります。しかし、この方法だと汚れとともに表面素材もはがれてしまうので、汚れの再付着が起こりやすくなります。一度研磨材をかけたら、こまめに掃除するようにして下さい。

がんばりすぎない

ラクラク掃除メニュー

2 → 5

2 ウエスでササッと拭き

5 陶器の部分にお酢スプレー

さらに時間がない時には、素材を選ばない「トイレマジックリン」を便座や便器に吹き付け、トイレットペーパーで拭き掃除します。カベや床は、市販の使い捨てトイレ掃除シートを利用。サッと拭くだけでも違いが出ます。掃除で服が汚れるのが面倒であれば、お風呂に入る前に掃除してしまいましょう。

漂白剤とお湯のタッグで
カビを根こそぎ撃退

掃除

洗濯槽

洗濯物に黒い汚れが付いていることはありませんか？ それは、洗濯槽内部に発生したカビがはがれ、浮き出てきているサイン。私は過去、掃除業者に洗濯槽の分解掃除を頼んだことがあるのですが、槽の裏側には黒いカビがびっしり……。

それからというもの、必ず月に一度は酸素系漂白剤でつけ置き洗浄しています。酸素系漂白剤は塩素系のものより効き目はマイルドな印象ですが、「40度のお湯」で「一晩つけ置き」すれば、より効果を発揮できます。家族の入浴が終わった夜にはじめると、残り湯を利用できてちょうどよいでしょう。また、洗濯後は槽が乾燥するまで洗濯機のフタは開けておく、湿度が高い日は除湿器をかけるなどして、カビ予防につとめています。

お掃除やる気スイッチ

洗濯物についた小さな黒い汚れ、
それは黒カビかも？
大事な服をきれいに着るための
手間はほんのちょっとです。

まずはコンセントを抜いた状態で、空の洗濯槽に頭を入れて深呼吸。カビの匂いがしたら洗濯槽の裏側は真っ黒です。きれいに洗濯したつもりでも、カビ汚れが付いたタオルや衣類を使っているんです！　洗濯槽はつけ置きメインの手間のいらない掃除です。ぜひ定期的に行いましょう。

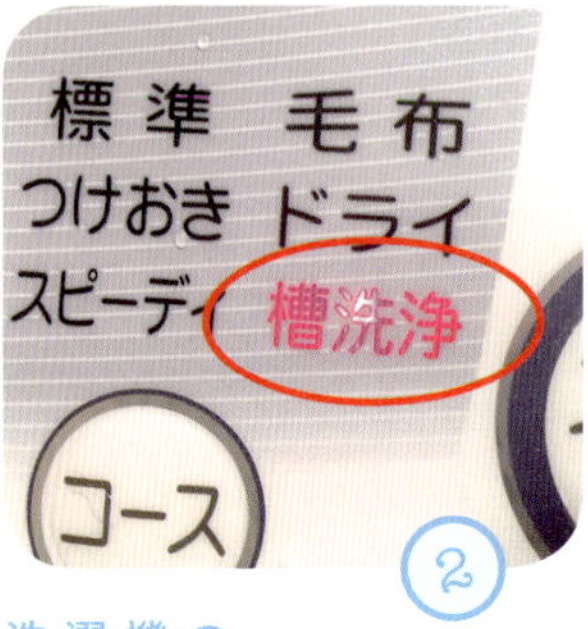

洗濯機の「槽洗浄」運転をオン

洗濯機の電源を入れ、「槽洗浄」コースを開始します。「槽洗浄」がない機種では、「標準」コースでも大丈夫。洗浄中の待ち時間は、洗剤が付いた指で押すスイッチや、洗濯物のホコリで汚れるフタ部分を雑巾などで拭いておきましょう。

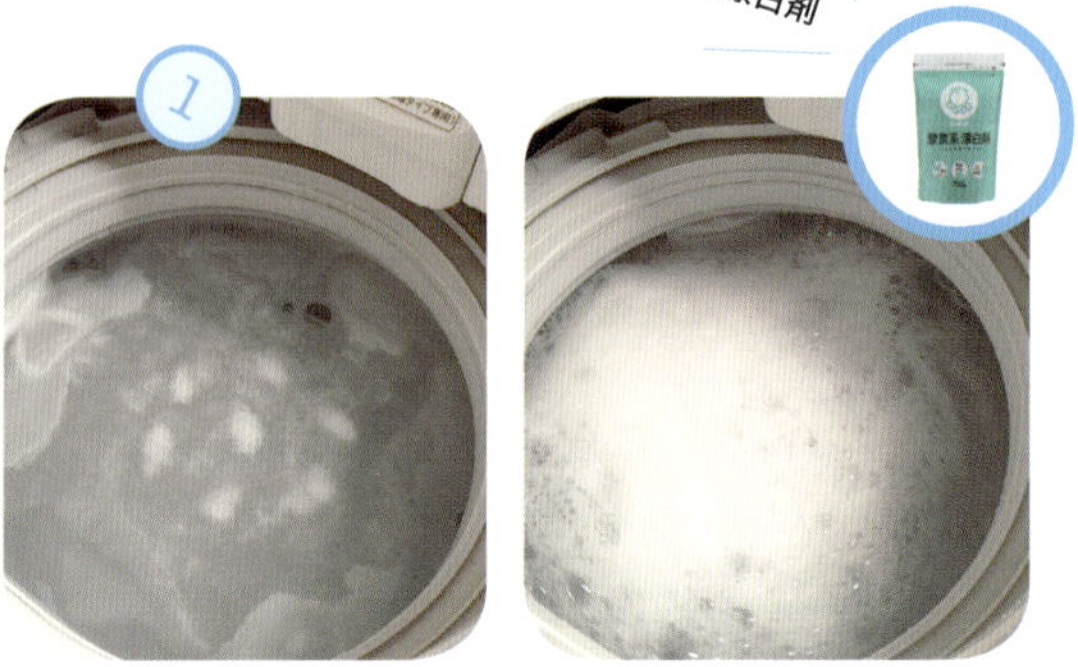

洗濯機に残り湯と漂白剤を投入 そのまま一晩つけ置きする

お風呂の残り湯（40度程度）を一番高い水位まで入れたら、酸素系漂白剤（粉末なら500～800g程度）を投入。洗濯機で「洗い」のみを選択します。2～3分運転させてしっかり泡立てたら、洗濯機の電源を落とし、お湯の温度が下がらないようフタを閉めて一晩（およそ12時間）放置します。一晩つけ置きするとうっすら泡が残っていますが、特に汚れはないように見えます（写真左）。

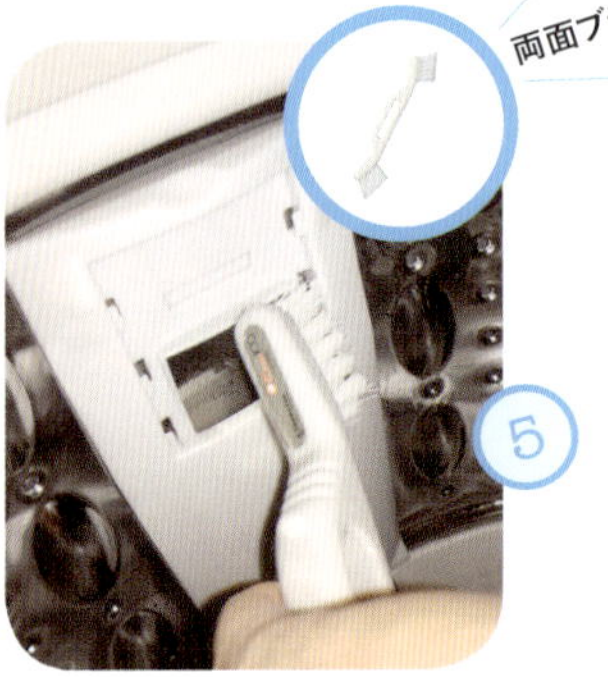

洗濯機内部をブラシでこする

洗濯機の電源が切れているのをしっかり確認してから、掃除スタート。ゴミ受けネットを外した周辺や汚れが気になるところを、両面ブラシのやわらかいほう（ソフト）を使ってこすります。これで、カビや汚れをかき出します。

洗濯槽の裏からもこんなに汚れが

「槽洗浄」コースが終わってから、ゴミ受けネットを外すとこんなに黒いカビが！ショックを受けたところで、ピンポイントでお掃除タイムです。

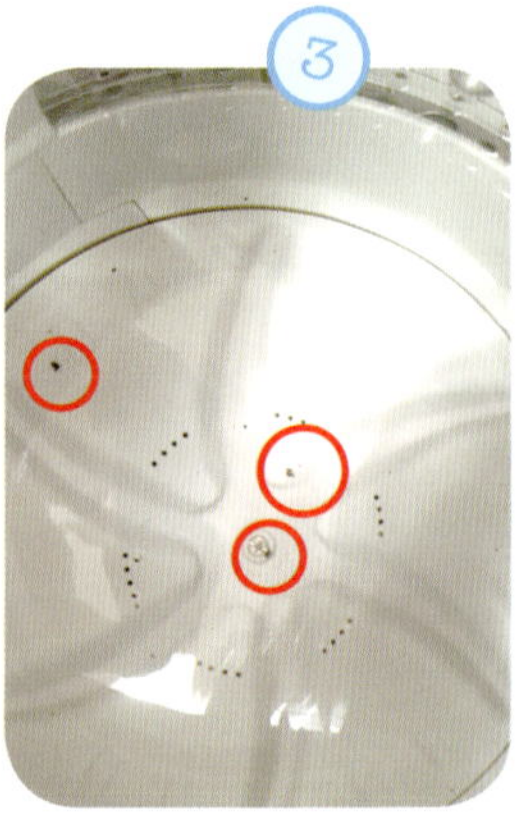

見えない汚れがついに登場

すすぎの途中で水面を見ると、黒いカビが浮遊しているのが見つかります（○で囲んだ部分）。これが、洗濯槽の見えない裏側に付いていたカビ汚れです。

洗濯槽のフチもきちんと拭いて

「標準」コースのすすぎ中、水がいっぱいたまった時は掃除のチャンス。水の重みで洗濯槽が下がり、普段見えない槽のフチが見えるのです。一度電源を落とし、雑巾でホコリ汚れを拭き取ります。ホコリ＝カビの栄養、このお掃除がカビの予防になります。

パーツを外してすみずみまでブラシとスポンジで掃除

洗濯機の内側に付いた汚れも、雑巾やブラシで落とします。柔軟剤用のポケットなど外せるパーツがあれば、取り外してからブラシややわらかいスポンジできれいに洗います。どのパーツが外せるかは、取扱説明書で確認して下さい。仕上げに、洗濯機の「標準」コースを洗剤なしで2〜3回運転します。これで、洗濯槽に残っていた汚れと、掃除のあとに落ちたカビや汚れをまとめてすすいでしまいます。

がんばりすぎない

ラクラク掃除メニュー

1 → 2

酸素系漂白剤で一晩つけ置き

「槽洗浄」運転で汚れを落とす

入浴後、風呂の残り湯を利用して一晩つけ置きします。洗浄後すすぎで何度も洗濯機を回すので、翌日に時間のある夜が最適です。パーツ類を外して洗うのが面倒だったりひどく汚れてしまった場合は、家電パーツ専門のネット通販などで取り寄せて、新しいものに取り替えてしまいましょう。

ゴミ受けネットを歯ブラシで掃除

ゴミ受けネットに黒いカビが残らなくなったら終了です。ゴミ受けネットは、歯ブラシと石けんでキレイに洗って干しておきます。

外回り編

玄関、窓、バルコニーまで
汚れてもいい格好ではじめましょう

　窓拭きをはじめ、外回りの掃除はまず「汚れる」ということを覚悟してとりかからなければなりません。家の中と違って、砂ボコリや車の排気を含んだ黒く汚れたホコリ、落ち葉や虫の死骸など、雑巾やほうきはひどく汚れてしまいますし、素手で掃除をすると爪の中まで黒くなってしまいます。夏場は日焼けし、冬は寒くて風が冷たい……外掃除はつらいものです。

それでも「玄関は家の顔」と言われるように、外観や家の外回りはそこに住む人の暮らしぶりが表れる場所。泥棒が好む家は、家の周りに物が散乱して掃除が行き届いていない家だといいます。きちんと家を管理していないなら、どこかにスキがあり忍び込みやすいだろうと思われてしまうそうです。

掃除大国ドイツでは、少しでも窓が汚れていたり庭の芝や植木の手入れが悪いと街全体の景観が乱れる、ということで自治体から注意されてしまうとか。日本との文化の違いもあるのでドイツの話はやや極端かもしれませんが、外観を含めて家を美しく保つことは住む人の暮らしも落ち着いたものであるという印象に結び付く、ということは間違いありません。面倒で大変かもしれませんが、汚れないよう軍手をしたり、服装や掃除道具を工夫してみるなどして、外回りの掃除も定期的にしていきましょう。

砂ボコリには新聞紙を使ってスッキリ

掃除

玄関

家族や来客、宅配サービス、家に入るすべての人が確実に目にする（通る）場所が玄関です。
風水では運気が入ってくる大事な場所といわれ、日本でも昔から「玄関は家の顔」とされてきました。私は常にその考え方を忘れず、特別な場所として真摯に玄関掃除に取り組んでいます。
玄関は靴に付いてきた砂やホコリ、ドアの開閉時に入る外気の汚れがたまりやすく、複数の汚れが混じっています。家の中でありながら外掃除のような存在です。しっかりマスクをしてからはじめましょう。掃除しやすいように、タタキに靴や傘を出しっぱなしにしないようにしておくことも大事です。

お掃除やる気スイッチ

「家の顔」である玄関の掃除は、
「洗顔とメイク」だと心得て！
ここがきれいだと来客にも好印象、
良い運気も入ってきます。

人から見られる場所だけに、ここをきれいにしておけば来客の印象がアップ！　玄関が家の顔であれば、玄関掃除は「洗顔とメイク」にあたります。毛穴の汚れを取るようにホコリを取り、しっかり泡洗顔するように水拭きしましょう。自分の顔をメイクする気持ちで取り組むと、自然と丁寧になれます。良い運気は玄関から入ってくることもお忘れなく！

濡れ雑巾でドア周りのホコリを拭き取る

濡らして固く絞った雑巾で、玄関ドアを拭いていきます。ドアノブ、表札、インターホン、ドア本体、郵便受けなど、続けて順番に。郵便受けはホコリが入りやすいので、フタを開けて中まで拭きます。

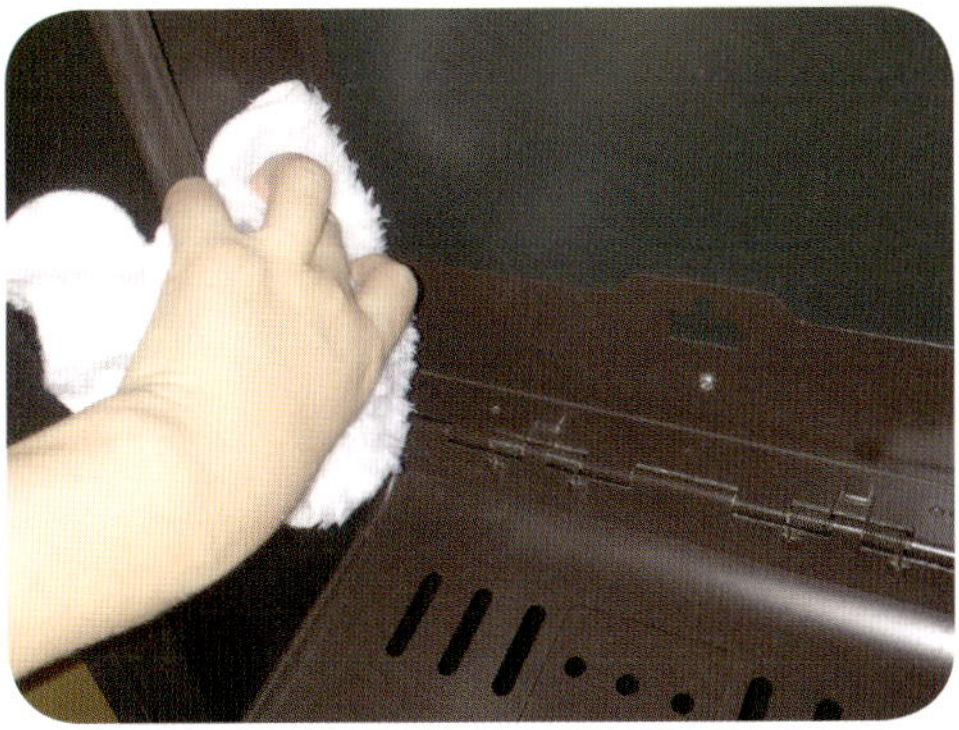

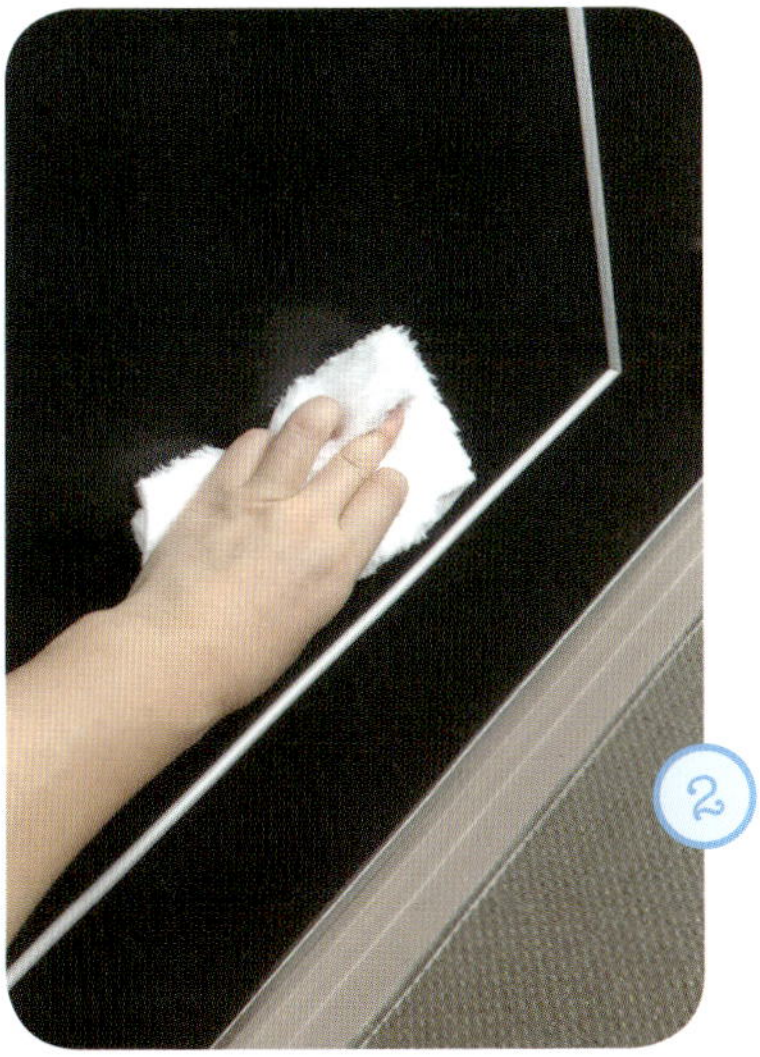

ドアの下のほうは汚れやすいので入念に

ドアは表も裏も丁寧に拭きましょう。膝から下の高さは、雨のはね返りやホコリの跡が付きやすい場所です。

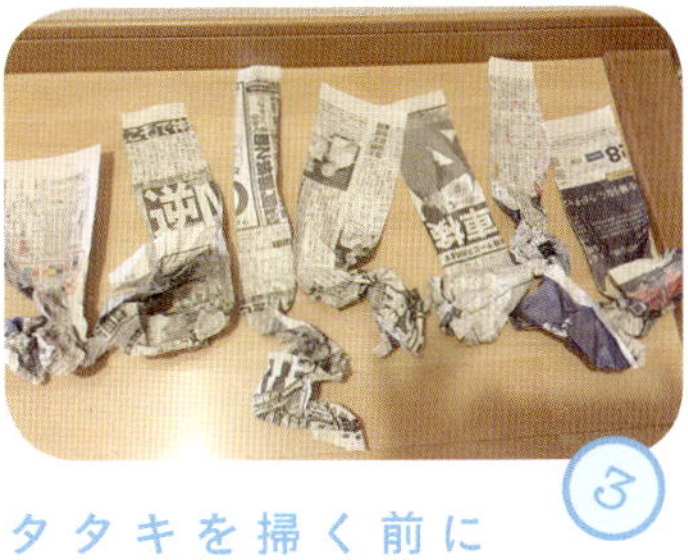

タタキを掃く前に新聞紙を準備

次にタタキを掃除しますが、そのまま掃いてしまうとホコリが舞い上がりうまく掃除できません。そこでホコリが舞うのを防止し、汚れを吸着してくれる新聞紙を利用します。新聞紙を長さ30cm程度の短冊状にちぎり、半分だけ丸めます。

濡れた新聞紙でホコリを防止

丸めた部分を手に持ち、細長い部分だけバケツの水に浸します。この濡らし方で、ちょうどよいウェット＆ドライ状態が出来上がります。

ほうきでゴミを掃き集める

濡らした新聞紙をランダムに玄関のタタキにまいて、新聞紙を集めるようにほうきで掃いていきます。集めたゴミはチリトリで捨てましょう。

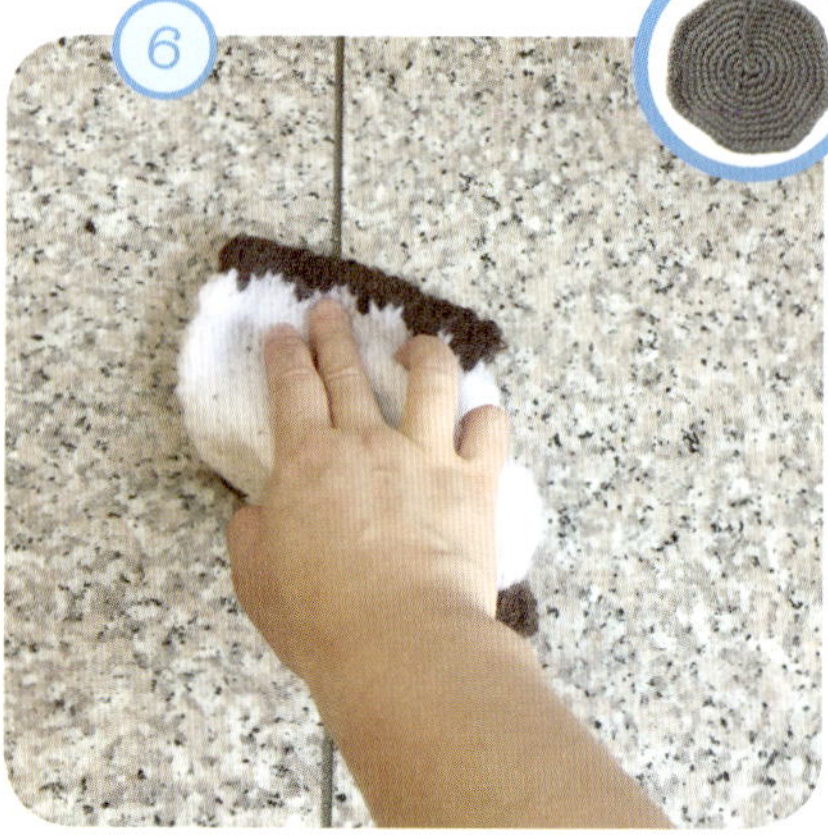

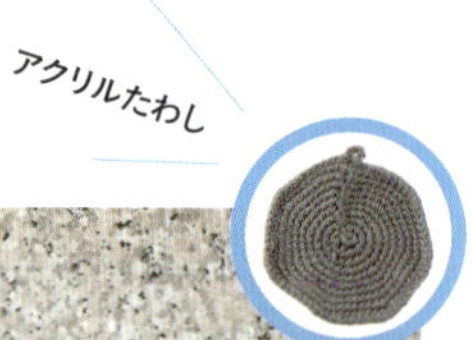

仕上げはしっかり水拭き

ホコリを掃き出したあと、水で濡らして固く絞ったアクリルたわし（なければスポンジでも）で拭いていきます。タイルの溝は汚れがたまりやすいので意識してきれいにします。

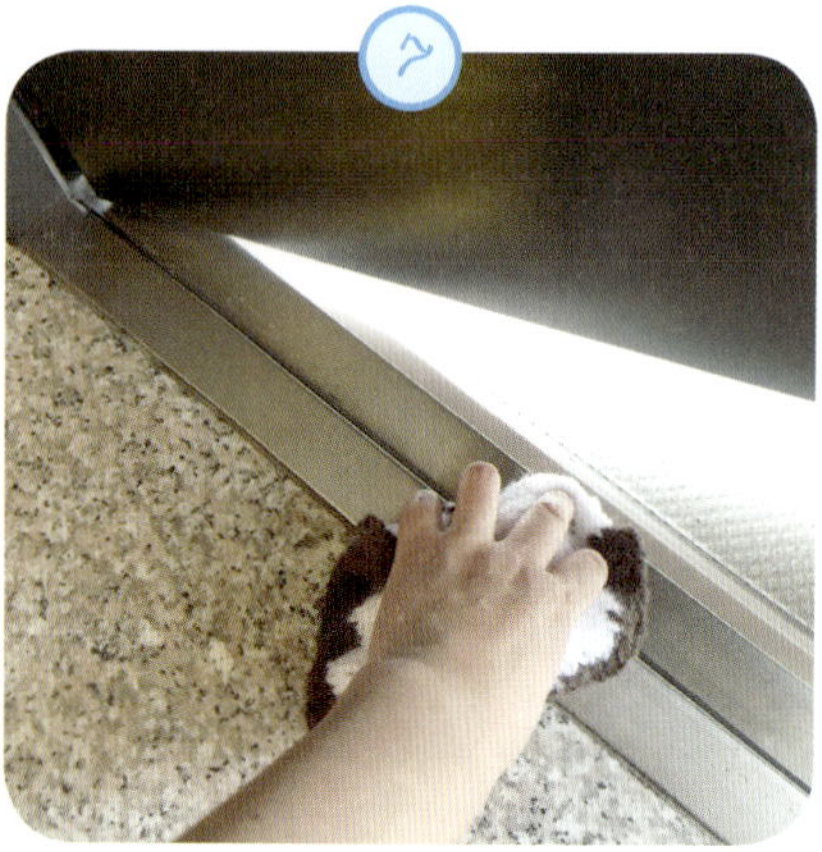

細かな場所も見落とさずに

ドアとタタキの間の敷居部分も、汚れがたまりやすい場所。ゴミを掃き出してから、しっかり汚れを拭き取ります。

キレイな玄関には「ルール」も必要

きれいに拭き上げた玄関です。背筋が伸びる気持ちになります。この玄関を保つために、我が家では靴は洋服と同じように衣替えし、その季節に履く分だけを靴箱に収納しています。出しっぱなしにしないという、家族とのローカルルールを作っているわけです。

がんばりすぎない

ラクラク掃除メニュー

普段はもっと簡単に！

床掃除の“延長”でそのまま一気に掃除

時間がない時には床掃除（P74）の延長で掃除すればOK。タタキはフローリングモップで大まかなホコリを取り、取りきれない砂やゴミはハンディ掃除機で吸引します。仕上げは水で濡らしたウエスで拭き掃除。ドアもそのまま、ウエスで水拭きできます。また、靴をなるべく外に出さないでおくだけでも、すっきりきれいに見えますよ。

炭酸水の力で簡単スッキリ汚れを落とす

掃除

窓&網戸

「窓の汚れなんて気にならない」という人もいるかもしれません。しかし、ベランダにつながる、大きな掃き出し窓がある部屋を考えてみて下さい。窓が占める割合はほぼ壁一面分と、かなりの面積を占めています。

ということは、窓が汚れていると部屋の壁一面が汚れていることと同じ。それに、汚れた網戸や窓では外の景色は暗く見えますし、開け閉めするたびに手が汚れそうでいい気持ちではありません。

窓掃除は水をたくさん使って、網戸を外して……と大変なイメージですが、アイデア次第で手軽にきれいにできます。特別な洗剤はいりません。二度拭きいらずなのに汚れをサッパリと落とす「炭酸水」を使って、ピカピカの窓にしましょう。

お掃除やる気スイッチ

今まで見ていた景色は何だったの!?
窓をピカピカに磨き上げると、
外の景色が驚くほどきれいに、
部屋の中は一気に明るくなります。

窓の外に広がるお気に入りの風景。きれいな窓は外の景色がよく見えるだけでなく、陽の光がよく差して部屋の中を明るくします。網戸がきれいだと通る風が気持ちよく、カーテンも汚れません。くもった窓がきれいな透明になり、ビフォーアフターが一目でわかる窓磨きは、ストレス発散にもなりますよ。

網戸の掃除

網戸は外側から先にアクリルたわしで拭き掃除

網戸の掃除は外側からはじめます。バケツに水を張り、水をたっぷり吸わせたアクリルたわし（なければスポンジ）で拭き掃除。網戸の目を意識して、上下左右に拭くと汚れが落ちやすくなります。ただし、力を入れすぎると網戸が痛むので注意。内側はよく水を絞って拭きます。

レーヨンクロス

レーヨンクロスで水気を拭いてすっきり仕上げ

仕上げに、毛足の長いレーヨンクロスを水に濡らして固く絞り、網戸に付いた水気を拭き取ります。レーヨンクロスは、洗剤いらずでレンジ回りの油汚れを落とせる製品。私は「ボアレンジクロス」(原田織物)を愛用しています。毛足が長く繊細なので、網戸の間に入り込み汚れをからめ取ってくれます。室内側からもレンジクロスで拭き掃除すればおしまいです。

窓の掃除

窓全体に炭酸水をたっぷりスプレー

スプレーボトルに炭酸水を入れ、窓全体が濡れるくらいに炭酸水をスプレーします。炭酸水は香料や砂糖などが入っていない、シンプルなものを。炭酸水の中の二酸化炭素は汚れを浮かせる作用があり、拭いたあとに成分が残らないので二度拭きいらずです。

濡れ雑巾でゆる〜く拭く

炭酸水を吹き付けたら、水に濡らして絞った雑巾にさらに炭酸水をスプレーし、窓を拭いていきます。この時、水気をすべて拭き取ってしまわずに、うっすら窓が濡れるくらい残しておきます。

スクイージー

スクイージーで水気を一掃！

窓に残った水気を掃くように、上からスクイージーをかけていきます。縦→縦と拭くより、「横→横→最後に縦一列」と拭いたほうが、楽にきれいになります。最後は下に水気がたまるので、乾いた雑巾で拭き取ります。

レール掃除には刷毛を使って

レール部分は、ペンキ用の刷毛をバケツの水につけて濡らしながら拭き掃除します。ホコリやゴミがあっても、刷毛の細かい毛先に刺さって取り出せます。ペンキ用の毛先が硬い刷毛は、100円ショップやホームセンターなどで手に入ります。

窓の下に残った水気を拭き取る

窓の下にたまった水気を、アクリルたわしで吸いながら拭き取ります。外からのホコリもたまっている場所なので丁寧に。

仕上げは雑巾＋掃除棒で角まできれい！

仕上げは固く絞った雑巾で。「掃除棒」を当てながら、指先の入らない角まできれいに拭き上げます。水気が気になるようなら、乾いた雑巾で拭き取ります。しっかり拭くことで、砂ボコリで汚れていたレールがピカピカになりました！

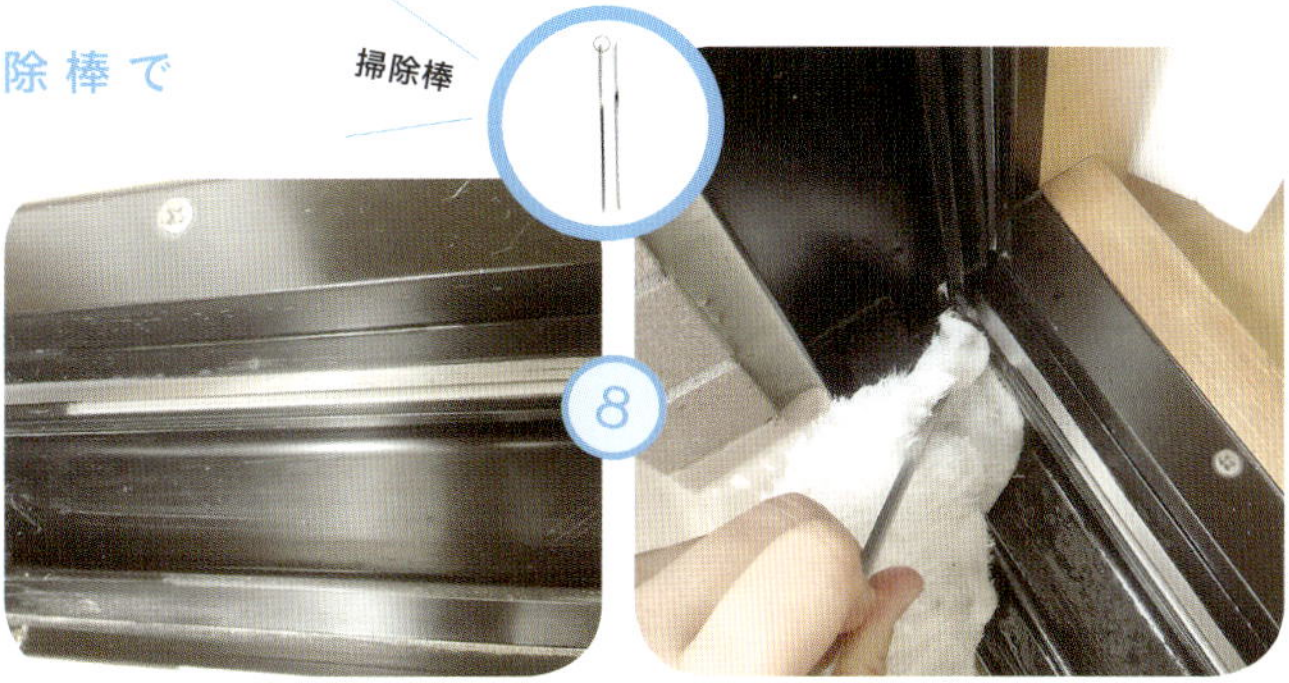

がんばりすぎない

ラクラク掃除メニュー

普段はもっと簡単に！

雑巾の代わりに新聞紙で拭き掃除

時間がない時は、網戸は濡らしたスポンジで湿らせながら拭き、仕上げはやわらかいウエスで拭き掃除。窓に炭酸水をスプレーして少し濡らしたら、丸めた新聞紙で汚れを拭き取ります。その後、乾いた新聞紙で乾拭き。レールにたまった汚れは、ブラシ付きノズルをつけた掃除機で吸引します。

ドライコースを上手に活用

お手入れ

カーテン

部屋のホコリは主に衣類、寝具、カーテンの3つから出ています。カーテンには、窓の汚れや外気のホコリ、花粉もたっぷり付着。私は布団用のノズルを掃除機に付けて月に1度はカーテンをきれいにしていますが、これがかなりの重労働。ということで、年2回は洗濯機で丸洗いしています。春の花粉が終わった梅雨入り前と、年末大掃除の時期です。

カーテンを外して丸洗いの準備

窓からカーテンを外し、カーテンフックや飾りなども取り外します。カーテンは軽くたたんで丸洗いの準備。洗濯機の「ドライ」コースで洗っていきます。使用するのはおしゃれ着洗い用の中性洗剤です。

お掃除やる気スイッチ

花粉がひどい？　空気が悪い？
カーテンには花粉やホコリがたっぷりです。丸洗いして新鮮な空気を取り戻しましょう！

窓からの汚れや花粉、ハウスダストが付着しているのがカーテンです。丸洗いするだけで部屋の空気が気持ちよくなるなら、安いものだと思いませんか？　また、部屋のインテリアとしても、カーテンの存在感は大きいもの。どんなに素敵な部屋でも、薄汚れたカーテンでは、部屋のグレードが下がってしまいますよ。

※ここで紹介しているのは、丸洗いが可能なカーテンの洗濯方法です。ご家庭で洗えない素材のカーテンは、その表記に従って、ドライクリーニングに出すなど正しい方法でメンテナンスして下さい。

洗濯機の底に水をためて洗剤投入

まずは一番少ない水量に設定し、洗濯物を入れずに「標準」コースをスタート。泡を立てるため、洗濯槽の底ひたひたまで水が入ったら洗剤を投入します。残りの水が入ると、だんだん泡ができてきます。洗剤投入のタイミングが早すぎると、泡立ちが悪くなるので要注意。続けて、酸素系漂白剤を大さじ2〜3杯分入れます。

モコモコ泡を作ったら「ドライ」コースに

汚れを落とす洗濯のコツは泡をしっかり立てること。注水後1分ほど撹拌し、モコモコの泡を作ります。十分泡が立ったらリセットして「ドライコース」に設定。水位は一番高く、洗いとすすぎはそのまま、脱水時間は最短に設定します。

たっぷりの水で泳がせるように洗う

ここでカーテンを入れます。大型ネットに入れて、たっぷりの水で「泳がせる」ように洗うのがポイントです。脱水が終わったらすぐに取り出します。脱水しすぎるとシワになるので、洗濯機の機能で加減して下さい。

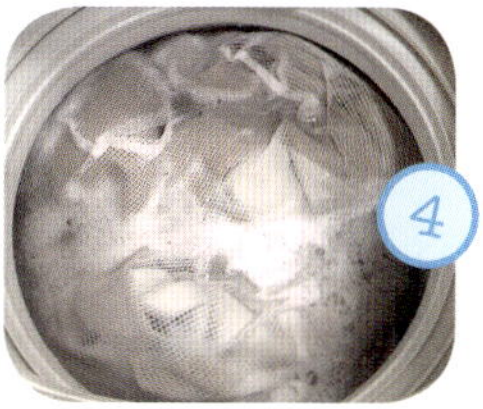

お掃除てぶくろ

洗濯の待ち時間は窓周りのお掃除

カーテンを洗う間は、いつもはできない窓周りのお掃除チャンス！ カーテンレールは、濡らして絞った「お掃除てぶくろ」を使うと楽に拭けます。カーテンフックは、中性洗剤を入れた水を泡立て、その中で洗いましょう。こちらもお掃除てぶくろを使うと、細かい部分までキレイになります。

カーテンを再度取り付けて自然乾燥

洗い終わったカーテンは生乾きのまま取り付けて自然乾燥させます。真っ白になったカーテンで部屋全体が生き返るようです！

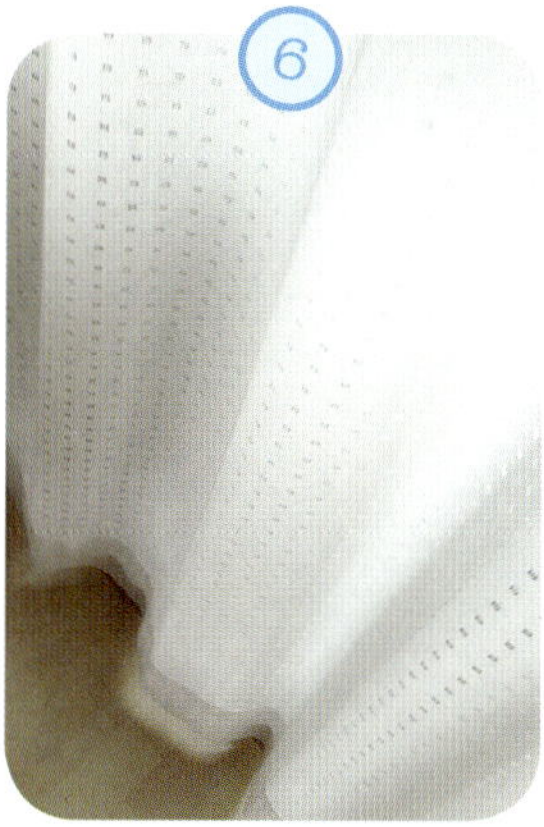

がんばりすぎない

ラクラク掃除メニュー

5 窓掃除と一緒にコロコロ掃除

カーテンは、窓掃除のついでに洗うのが効率的です。洗えない素材の場合は、カーテンが重なるひだ部分を中心に粘着クリーナーをかけるだけでも、大まかなホコリが取れます。

使い古しのスポンジやブラシが大活躍

掃除

バルコニー

庭のないマンションで暮らすと、ついおろそかになってしまうのがバルコニーの掃除。

けれど洗濯物から出た糸くずやホコリ、砂ボコリや虫の死骸など、すぐに汚れがたまってきてしまいます。外が汚れていると思うと、窓を開けて景色を楽しむ気持ちにも、バルコニーに出て風にあたり、たそがれる気持ちにもなれません。

外回りの掃除なので多少手が汚れてしまいますが、きれいなバルコニーから入る風を楽しむために、ちょっとだけ頑張ってお掃除しましょう。毎週やるのは大変でも、月に1〜2回なら無理なくできると思います。

お掃除やる気スイッチ

バルコニーはもうひとつの部屋。
ここをきれいにしておくと、
気分転換にちょうどいい
自分のためのスペースに。

バルコニーは外のものではなく、自室の延長線上にある「もうひとつの部屋」と考えましょう。ステキなサンダルを置いて、いつでも気分転換に出られるくらいきれいにしておくと部屋も広くなった気がします。カーテンを開けて外の空気を入れる時も、掃除されたバルコニーからは砂やホコリが入ってきません。

荷物をよけてほうきがけ 室内側から外へ掃き出す

まずはバルコニーに置いてあるコンテナや物置を動かしながら、ほうきがけ。ゴミや砂を外側の溝に向かって掃き出していきます。

掃く時は軽い力で ほうきの穂先は立てる

ほうきの使い方は掃除ブラシと同じ。力を込めすぎると穂先が曲がってしまうので、穂先を立てるように軽く力を入れて掃き出します。これは歯医者さんに教わった、正しいブラッシング方法からヒントを得ました。

トングを使って 大きいゴミをまず回収

排水口や溝にたまったゴミのうち、大きい葉っぱなどはあらかじめトングで取り除きます。ここで使っているのは、100円ショップで売っている氷用トングです。これなら、素手で触れない虫の死骸も大丈夫。

残ったホコリは 小さいブラシで集める

残った細かい砂ボコリは、小回りの利くミニブラシで集めます。やわらかくて小さいサイズの卓上用ほうきがおすすめです。専用のチリトリがなくても、少し厚手のチラシ（使用済のカレンダーなど）を軽く折るだけで、溝にフィットしてしっかりゴミを集められます。

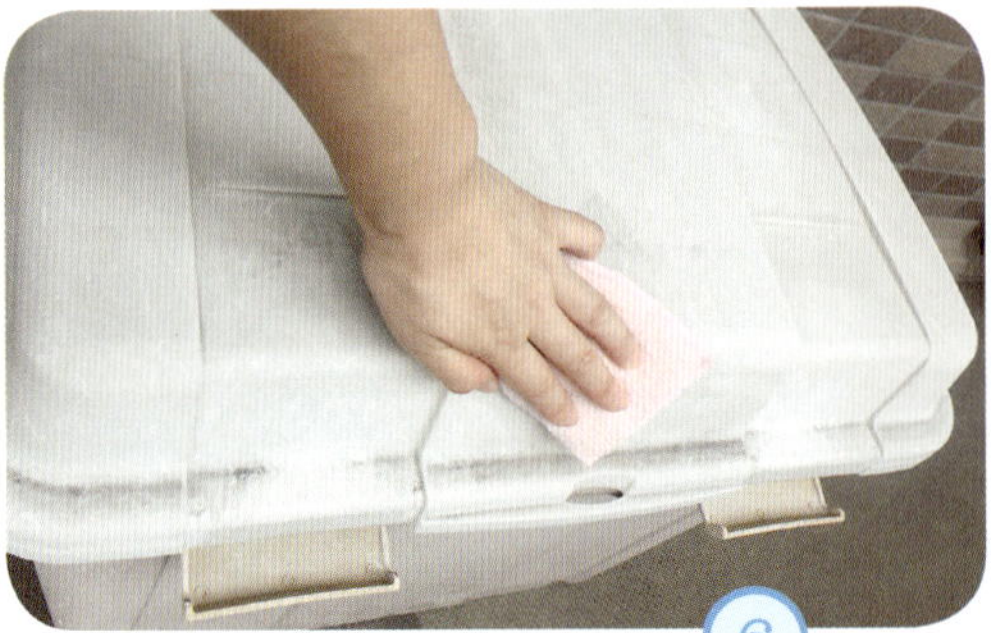

⑥

濡れスポンジで全体を拭き掃除

水で濡らしたスポンジで、ストッカーやエアコンの室外機など、あちこちを拭きます。最後に溝部分の仕上げ拭きをし、真っ黒にしてから感謝して廃棄します。

⑤

使い古した道具を拭き掃除に再利用

仕上げの拭き掃除は、使い古しのブラシやスポンジを使います。キッチンやお風呂掃除で使い古したスポンジやブラシは、捨てずに取っておき外掃除用にリサイクルしましょう。

がんばりすぎない

ラクラク掃除メニュー

1 → 3

ゴミやホコリを溝に掃き出す

大きいゴミだけパパッと回収

面倒な溝掃除は、ホコリが立ちにくい雨上がりのタイミングを利用します。落ち葉や大きなゴミは、トングでつまんで新聞紙にくるんでポイ。使い捨てスポンジで、溝にたまった雨水を掃き出しながら拭き掃除をします。最後は丸めた古新聞で水気を拭き上げます。バルコニーは溝部分を掃除しておくと、全体がキレイに見えます。

⑦

徹底掃除でピカピカバルコニー！

頑張った結果がこちら。ゴミひとつないバルコニー、溝もピカピカです。気持ちいいですね。これならいつ外に出てもいい気分でいられます。

第4章

［番外編］

クローゼットの掃除と
バッグ＆ポーチのお手入れ

ホコリを取って衣類をカビから守る！

掃除

クローゼット＆衣装ダンス

カーテンと同じで、衣類からは大量のホコリが出ます。つまり衣類が集まるクローゼットやタンスは、ホコリが自然と集まる場所。また、普段はドアを閉めているのでホコリが湿気り、カビやダニが発生しやすい場所にもなってしまいます。

ホコリは困るけれど、湿気がこもってダニが発生するのはもっとイヤ！と思う私は、なるべく来客がない時は収納場所のドアを半開きにして風を通しています。

ますますホコリが中に入ってしまいそうですがホコリよりダニの方がイヤですよね。というわけで、年に数回はしっかり、収納場所のホコリ取りをかねて掃除をします。

お掃除やる気スイッチ

大事にしていたお気に入りの洋服。
収納場所がホコリまみれでは
洋服も色褪せてしまいます。
次に着る時、どうします？

タンスやクローゼットにしまってある、お気に入りの洋服。そこにホコリやカビが付くことを想像してみて下さい。すっかり色褪せてしまって、もう外に着ていく気になれません。また、クローゼットの掃除は、ワードローブ見直しのチャンスにもなります。着なくなった洋服は整理して、掃除をがんばった自分へのご褒美に、新しい洋服を新調するのもアリです！

引き出しの角に掃除機をかける

引き出しは角にホコリや糸くずがたまるので、角を中心に掃除機をかけます。収納場所を傷つけないよう、ブラシが付いたノズルを利用しましょう。ここでは「すきまノズル2」(P30)のブラシ付きブラシを使用。

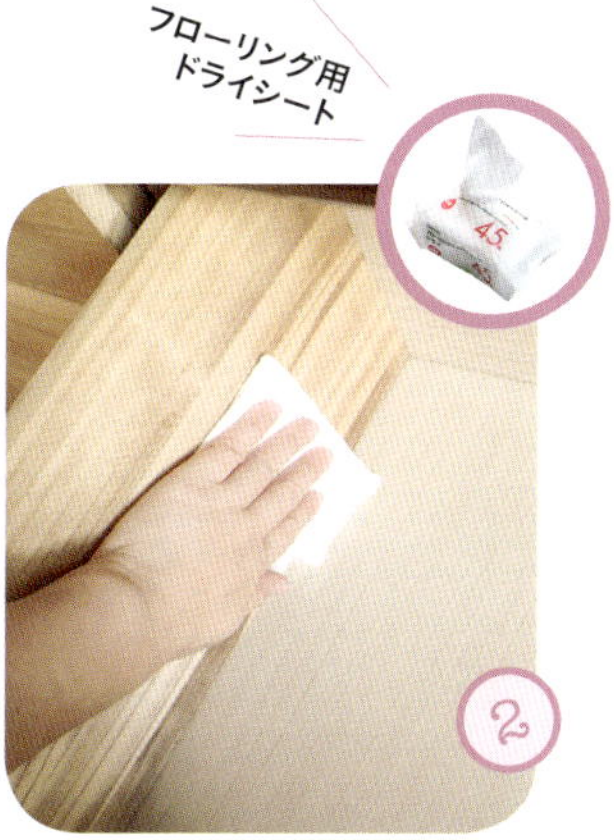

汚れの拭き取りは乾いた布を使う

タンスなどの収納場所に余計な水気は付けたくないので、乾いたやわらかい布でホコリと汚れを拭き取ります。フローリング用のドライシートを利用すると便利です。底だけではなく、側面も拭きます。

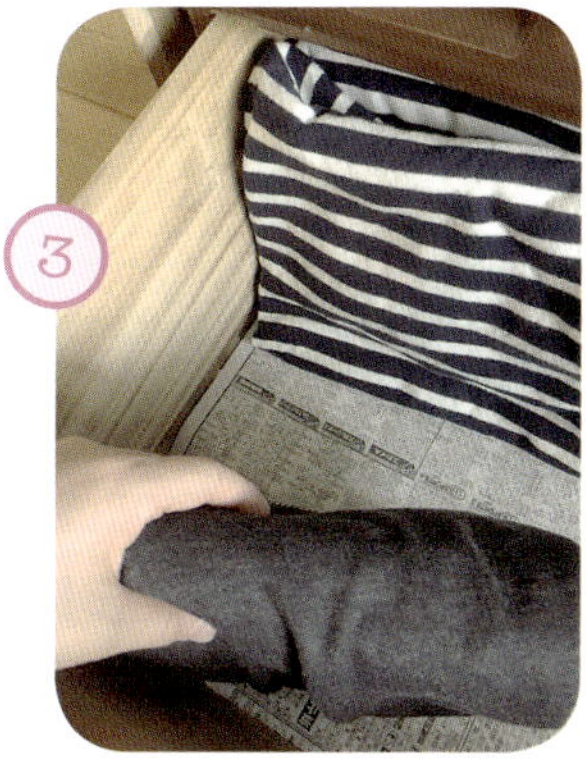

引き出しには新聞紙を敷いて

除湿効果があるといわれる新聞紙を底に敷いて、衣類を入れ直します。新聞紙は日付が付いているので、前回の掃除時期がわかるというメリットも。

大型収納は中身を全部出してから掃除

クローゼットなど大型収納は少しずつ掃除してもホコリが出るので、面倒でもすべての服を一度外に出します。内部は乾いた布かドライシートで拭きます。「ミニフローリングワイパー」(P31)などの小型モップを利用すると、高いところや狭い場所まで届いて便利です。

見えづらい場所のホコリはお掃除てぶくろで直接拭き取る

内部のポールやドアのすき間は見落としやすい場所。お掃除てぶくろを着けて拭き取ると、しっかりホコリを落とせます。特にドアの裏側は衣類の入っていない時にしか拭き掃除ができないので、丁寧にホコリを拭き取りましょう。

ハンガーに付くホコリも見逃さずに

洋服をかけているハンガーなど、小物にもホコリが付着しています。こちらもお掃除てぶくろで拭き掃除を。

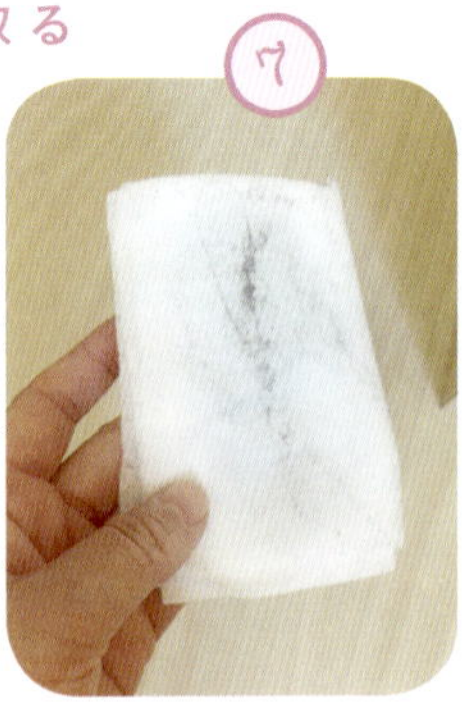

最後に底のホコリをまとめて拭き取る

ひと通り拭き掃除をしたら、最後に底を拭き取ってみて下さい。もっさり大量のホコリが取れるはずです。中身を全部出して拭くのは年に2回くらいでよいですが、底にたまったホコリは週に1回程度はきれいにしたいもの。拭き掃除でも掃除機でもかまいません。

洋服を元に戻す時は要不要の見直しも！

出した洋服を戻しながら、服の見直しもできます。思い切って処分してしまえば、出す前と比べて服の数も減り、風通しもよくなります。かなりホコリの出る作業ですので、マスクは忘れないようにして下さい。

がんばりすぎない
ラクラク掃除メニュー

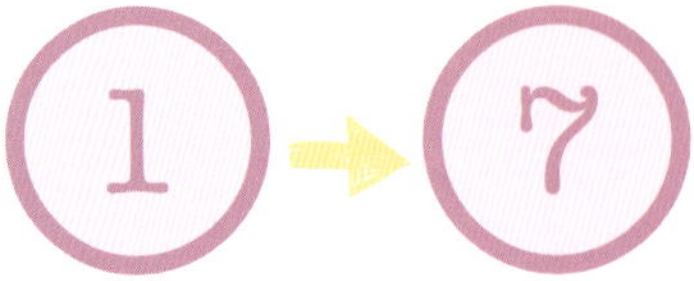

衣替えの時期に合わせて掃除をすると、衣類の移動の手間が省けます。一度にやると大変な場合は、タンスは毎日1段ずつ、クローゼットはひと部屋ずつと小分けしましょう。掃除機をかけた後のホコリ拭きは、ミニサイズのフローリングモップとドライシートを活用すれば手軽に済ませられます。

ウェットティッシュ活用で
すみずみまで清潔に

お手入れ

バッグ＆ポーチ

毎日使うバッグは、外気のホコリや雨風で汚れています。気が付くと紙くずや髪の毛など、小さなゴミが底にたまっていることも。メイク用品が入っているポーチも同様で、メイク直しの時に使った化粧品が付いてシミになっていたり、脂汚れが付いていたりします。

いつも目にしている小物ですが、メンテナンスしようとテーブルの上に出してみるとビックリ。意外と汚れていることに気が付きます。

いくらおしゃれをしていても、ちらっと見えるバッグの中に古いレシートが散らばり、ポケットが汚れていてはガッカリです。家の掃除と同じく、お手入れして大切に使っていきたいですね。

お掃除やる気スイッチ

バッグやポーチが
清潔で整っていると、
周りからの印象もアップ！
「デキる大人」に見られます。

バッグとポーチの中身は、いわば持ち歩くプライベート空間。レストルームのメイク直し時に、隣の女性に見られているかもしれません。清潔で整理され、いつでも必要なものをサッと取り出せる「デキる大人」になるために、美しく機能的なバッグ＆ポーチを目指しましょう。

バッグの拭き掃除は メガネ拭きが最適

バッグの表面はホコリが付いているので、乾いたやわらかい布で拭き取ります。無印良品の「携帯用メガネ拭き」は、オイルや薬品が不使用で大判サイズなので最適です。

バッグ内のホコリは 掃除機で吸い取る

バッグの内部はブラシ付きの掃除機ノズルを使って、丁寧にゴミやホコリを吸引します。ポケットの中の掃除も忘れずに。

濡れたあとはしっかり乾かす

雨の日に使ったり、濡れた傘やタオルを入れたりしたあとは、新聞紙を入れて湿気を取り半日ほど風通しのよい日陰で乾かします。

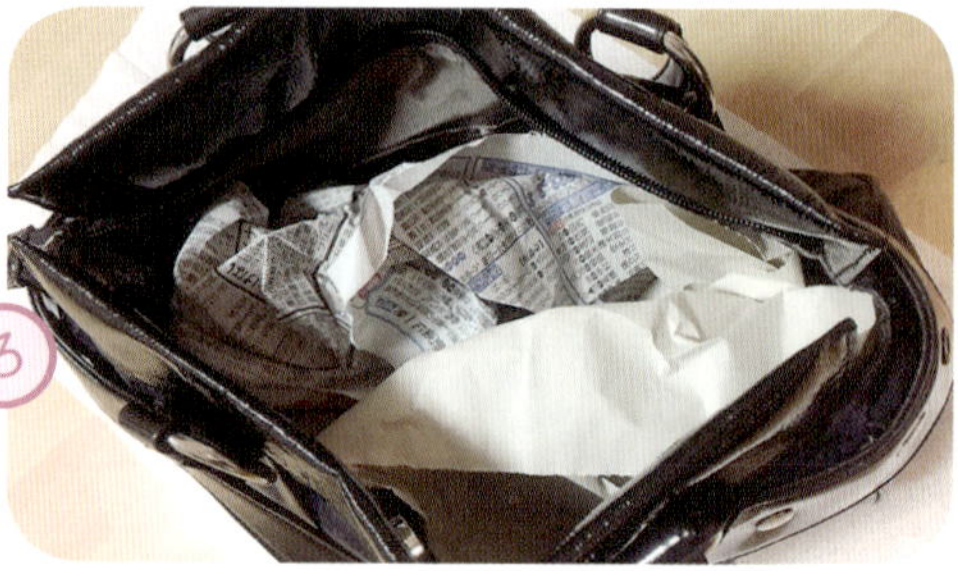

角の汚れは 歯ブラシで かき出す

ポーチは中身を出し、裏表をひっくり返してやわらかいブラシで角の汚れをかき出します。清潔な歯ブラシなど、小型のブラシが使いやすいです。それでもとれない汚れは、ガムテープで取り除きます。

シミにはノンアルコールの ウェットティッシュ

ポーチに付いたシミや汚れは、ウェットティッシュで拭き取ります。私は、ポーチやメイクグッズの素材を痛めないためにノンアルコールタイプを使用しています。

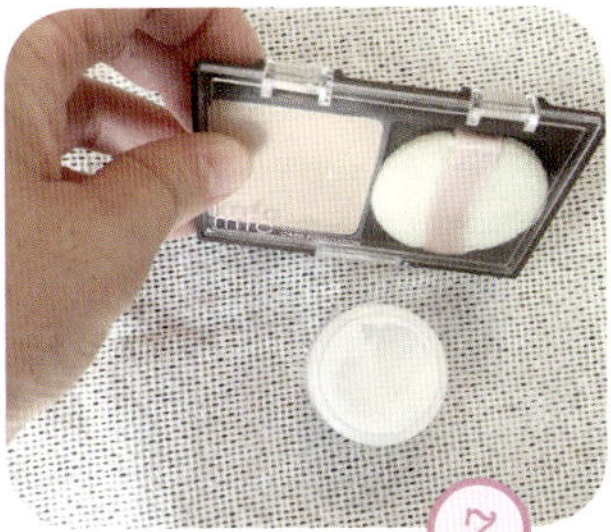

7

メイク小物はコンパクトに

メイク小物はたくさん入れてしまいがちですが、なるべくコンパクトにするとバッグに余裕ができます。一番かさばるファンデーションはコンビニコスメのカードタイプに、ハンドクリームはミニケースに入れ替えるなどするとスッキリ！

6

細かい溝の汚れは綿棒でよく落とす

中に入っていたメイクグッズも、ウェットティッシュで拭き取るとサッパリします。コンパクトの細かい溝の汚れは、綿棒を使うとよく落ちます。

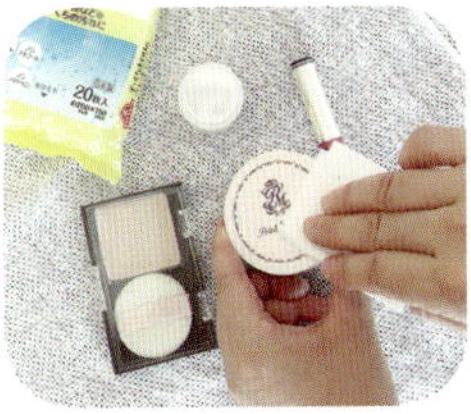

8

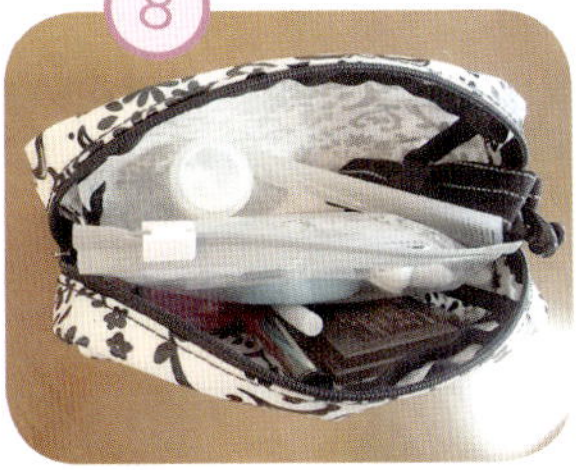

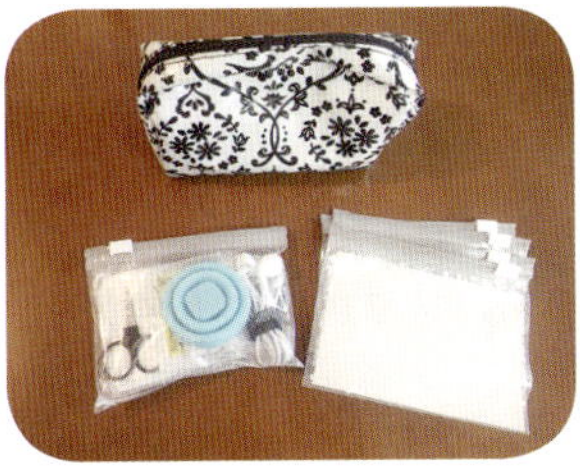

小分け袋を使ってポーチの整理を！

ポーチの整理におすすめなのは、A7サイズの小分け袋です。小物類をまとめておけますし、ポーチのサイズに合わせれば仕切りになります。ジッパータイプのものだと出し入れしやすいです。

がんばりすぎない

ラクラク掃除メニュー

1 → 5

1 きれいな布でバッグを拭く

5 ウェットティッシュでシミや汚れを拭く

バッグは使ったその日のうちにお手入れを済ませると、次に気持ちよく使えます。帰宅後は清潔なタオルで周りを拭き、中もサッと拭きながらホコリを取ります。取りきれない汚れはガムテープを利用します。ポーチには使い捨てお手拭きを入れておき、メイク直し時のついでに、中身とメイクグッズを拭くとサッパリします。

Column

10月に開幕！　おそうじペコの年末大掃除

年末大掃除というと12月に入った頃からソワソワし始めるのが一般的な感覚なのだと思いますが、私の場合はプロ野球のペナントレースが終了するとともに大掃除シーズンが開幕します。つまり10月には、大掃除の計画を始めるのです。

一般的な大掃除場所（水回り、外回り、窓掃除など）は、日常掃除でお掃除ロボットのように巡回しているため必要がありません。私の大掃除は「家電の解体掃除」「全室のカベや天井拭き」「動かせる家具は動かして拭く」「収納場所は中身を全部出して中を拭いて整理する」という作業になるため、数週間ではとうてい終わりません。

まずは紙に掃除する場所と掃除項目を箇条書きし、目立つ場所に貼り出します。2か月かけて、日常掃除に30分（ときに1時間）の大掃除時間をプラスして毎日1項目ずつ消していき、12月中旬にはすべての大掃除が終了していることを目標にします。掃除を始めると止まらない私は、1日中掃除ばかりして

食事もとらなくなってしまうので、こうして少しずつ計画的に取り組む方が体にもよいのです。

ひとつひとつ掃除が済んだ場所を消す楽しみもあり、私にとってはクリスマスのアドベントカレンダーのようです。子どもがワクワクしながら毎日小窓を開けていくのと同じ感覚なんです。

大掃除に早めに着手するメリットは他にもあります。まだ本格的な冬が始まる前なので換気扇などの油汚れがゆるんでいて落としやすいこと、秋のうちに北側の寒い部屋から始めることで冬が始まる頃には南側の暖かい部屋の掃除にたどり着き、寒い思いをしないで済むことなどです。

12月は忘年会やクリスマス、お正月準備など忙しい中、大掃除までこなすとなると大変ですが、終わらせてしまえば心に余裕が生まれます。

文字通り舐めるように掃除されたピカピカの家で、年末に世の中の忙しさを横目にのんびりゆく年を振り返る達成感は、私の大きな喜びのひとつです。

私の大掃除計画の「前倒しで」「少しずつ」という点は、忙しい人にこそ取り入れてもらえると結果的に年末楽になるのでは？と思うのですがどうでしょうか。

おわりに

「おそうじペコ」として掃除研究家の活動を始めてからおよそ10年が経ちました。この間、掃除の考え方の基本はそのままでも、時代の流れや自分の生活スタイルの変化に沿って少しずつ変わってきた部分がありました。また、「こうすればもっと掃除が楽しくなるんだ！」という新しい発見もたくさんあります。

そんな変化や発見を含めて、何かの形でまとめたいなと思っていた時にちょうど今回の書籍化のお話をいただきました。

本にまとめる作業が進むにつれて、せっかくなのだから掃除術だけではなくもっと掃除の楽しさが伝わり、掃除がしたくなる内容にしてみたいと思うようになりました。そして考えた結果に生まれたのが、本書のコンセプトでもある『お掃除やる気スイッチ』と『がんばりすぎないラクラク掃除メニュー』です。

文中に出てくるイラストの女性は、私のトレードマークのひとつでもある「黒メガネ」をかけていません。イラストの中で掃除をしているのは読者の皆様というイメージです。一緒に掃除を楽しむ気持ちで読んでいただきたくてこのイラストになりました。

掃除の楽しさはやはり、実際に体感し、続けてみなければわからないことです。

『お掃除やる気スイッチ』で掃除のモチベーションを上げて、『ラクラク掃除メニュー』を参考にして無理せず続けることで、自然と掃除習慣がつき、家がどんどんきれいになっていく楽しさを知ってもらえたらうれしいです。

本にまとめていく作業はとても楽しく、私はやっぱり掃除が好き、そして掃除の楽しさを伝えることも好きなのだと改めて実感しています。人にはそれぞれ、神様が与えてくださったタラント（特技・タレントの語源）があるといいます。私には「お掃除」というタラントを与えてくださったのではないかと思います。本当に神様に感謝いたします。

これからも楽しく（時に面白く）おそうじペコを続けていきたいと思っております。今後もどうぞよろしくお願いいたします！

最後に書籍化にあたり、たくさんの方々のご協力をいただきました。書籍化のお話をくださった三才ブックス様、担当編集の遠藤様はじめ、出版にご尽力いただいた関係者の皆様に心から感謝いたします。

おそうじペコ

おそうじペコ

「三度の飯より掃除が好き」な掃除研究家。主婦歴20年。毎日の掃除を楽しむ工夫や汚れを落とすための緻密な研究を公開したブログ「おそうじペコ」は、またたくまに大人気ブログに。現在は雑誌やブログのほか、ライフスタイルWEBメディア「comorie［コモリエ］」でも情報を発信中。著書に『暮らしを楽しむお掃除エッセンス』（ソフトバンククリエイティブ）、『おそうじペコの魔法の1分そうじ』（宝島社）。
http://orangepekoe.cocolog-nifty.com/

お掃除やる気スイッチ

暮らしも心もピカピカになる

2016年11月25日　初版第1刷発行

著者　おそうじペコ

発行人　塩見正孝
発行所　株式会社三才ブックス
〒101-0041
東京都千代田区神田須田町2-6-5 OS'85ビル 3階・4階
電話　03-3255-7995（代表）
FAX　03-5298-3520

デザイン　ヤマザキミヨコ（Graphic Office ソルト）
イラスト　山本和香奈
撮影　星 智徳（第2章）、おそうじペコ
編集　遠藤悠樹、市川美穂
印刷・製本　図書印刷株式会社

ISBN 978-4-86199-936-9 C0077